교양 글쓰기

교양글쓰기 | 교재편찬위원회

No. ___

계명대학교 출판부

교양 글쓰기

교양글쓰기 교재편찬위원회

계명대학교 출판부

교양 글쓰기

초　판 1쇄 발행 2009년 9월 1일
개정1판 1쇄 발행 2014년 2월 19일
개정1판13쇄 발행 2026년 1월 27일

지 은 이　교양글쓰기 교재편찬위원회
펴 낸 곳　계명대학교 출판부
펴 낸 이　신일희

출판등록　제347-1998-1호(1970. 9. 1.)
주　　소　대구광역시 달서구 달구벌대로 1095
전　　화　053-580-6233
팩　　스　053-580-6235
홈페이지　www.kmupress.com

ISBN 978-89-7585-651-8 03700
정가 9,000원

이 도서의 국립중앙도서관 출판시도서목록(CIP)은 서지정보유통지원시스템 홈페이지(http://seoji.nl.go.kr)와 국가자료공동목록시스템(http://www.nl.go.kr/kolisnet)에서 이용하실 수 있습니다.(CIP제어번호: CIP2014003911)

머리말

이 책은 계명대학교의 공통교양교과목인 〈교양세미나와토론〉 수업을 위한 교재이다. 〈교양세미나〉는 1997년에 개설된 교과목으로 동서양의 고전을 읽고 발표와 토론을 통해 합리적 사고와 종합적 판단력을 길러 개방적이고 폭넓은 안목과 도덕적 인성을 갖출 수 있도록 하는 것을 교육목표로 하였다. 이를 위해 독서에 필요한 다양한 방법을 익히고, 토론을 통해 합리적 의사소통 능력을 기르도록 하고 있다.

2014년 『교양 글쓰기』 개정판을 내면서 '독서하기'를 추가하였는데, 여기에서는 책, 특히 고전을 읽는 행위의 의미와 방법을 소개하였고, '비판적으로 생각하고 글쓰기'에서는 비판적 사고가 논리적 글쓰기에 얼마나 중요한 의미를 가지는지를 강조하였다.

'독후감상문 쓰기'에서는 특히 문학 독후감상문 부분에서 '문학 작품 장르에 따른 내용 분석'을 새로 넣었으며, 시를 읽고 쓴 독후감의 예를 추가하였다. 그리고 계명대학교 독후감 경시대회(1-16회)에 출품된 작품을 골고루 활용하고 최근 작품을 몇 편 더 예시로 추가하였다.

'학술적 글쓰기'에서는 대학 글쓰기의 중심이 되는 보고서 쓰기와 논문 작성에 대해서 다루었다. 이번 개정판에서는 논문 작성에 관한 부분을 보완하고 제목을 '보고서 쓰기'에서 '학술적 글쓰기'로 바꾸었다. 대학에서 가장 본질적이고 의미 있는 학습활동 중 하나라고 할 수 있는 보고서나 논문 형식의 글을 쓰는 과정에서 학문을 탐구하는 기본적인 과정을 학습할 수 있을 것이다.

'발표하기'에서는 프레젠테이션 발표를 중심으로 하여, 발표의 준비와 과정을 구체적인 실례를 중심으로 설명하였다. 개정판에서는 발표의 실행 단계에서 발표자가 청중에게 발표 내용을 효과적으로 전달하기 위해 필요한 언어적, 반(伴)언어적, 비언어적 표현을 적절하게 사용하는 방법을 추가하였다.

'토론하기'에서는 '토론의 유형'과 관련하여 칼 포퍼식 토론, 세다식 토론, 의회식 토론의 의미와 방법을 초판에 비해 한층 더 상세하게 설명하였으며, '토론의 과정과 평가'에서 입론, 확인질문, 반론, 최종발언의 의미와 요령을 구체적으로 소개하고 토론 참여자의 역할별 발언 방법도 구체적으로 제시하였다. 이는 학생들이 '스스로' 토론 훈련을 할 수 있도록 하기 위함이다.

모든 분야에서 '기초'가 중요하다는 것은 재론의 여지가 없다. 기초 공사가 약한 건축물은 오래 가지 않아 허물어질 가능성이 크고, 깊이 뿌리 내리지 못한 나무는 약한 바람에도 그 생명력을 잃기 쉽다. 이것은 지식과 학문, 그리고 교육의 영역에도 그대로 해당된다.

모든 학문과 교육의 기초는 '생각'이고, 무엇보다 중요한 것은 이 생각을 말과 글로 적절하게 표현할 줄 아는 것이다. 말하기 교육과 글쓰기 교육의 중요성은 바로 여기에 놓여 있다. 〈교양세미나〉가 지난 세월 동안 줄곧 지향해 온 목표도 이러한 기초를 좀 더 튼튼하게 다지는 것이었다. 이 책이 이러한 목표 달성에 조금이나마 힘을 보탤 수 있게 된다면, 저자들로서는 더 이상 바랄 나위가 없을 것이다.

2026년 1월

교양글쓰기 교재편찬위원회 일동

차례

하나/ 읽기

둘/ 쓰기

셋 / 말하기

하나

읽기

독서하기

Ⅰ. 독서의 의미

1. 독서의 특징

독서는 인류가 문자 언어를 발명한 이래 지금까지 인류 역사와 함께 해 온 정신 활동이다. 그래서 인류의 정신문화에 지대한 영향을 미친 것이 바로 책이다. 우리는 책을 읽으면서 인류의 폭넓은 지식과 심오한 지혜를 만날 수 있다. 인간은 어떠한 존재이며, 어떻게 살아야 하며, 정의로운 사회는 어떠해야 하는지, 자연의 법칙은 무엇인가를 알 수 있다. 그래서 인류는 독서를 통해 세계에 대한 총체적인 지식과 지혜를 습득하면서 새로운 의미체계를 창출할 수 있었다. 독서의 특징은 다음과 같이 요약된다.

첫째, 독서는 책의 이해를 추구하는 행위이다. 책은 인류의 지혜와 지식을 담고 있다. 독서는 새로운 지식과 지혜를 얻는 가장 효율적인 방법이다. 독서를 통해 생각이 다른 사람의 인생관, 세계관과 다른 시대와 지역의 문화를 이해할 수도 있다. 하지만 이러한 이해는 쉬운 일만은 아니다. 이를 위해서는 책의 내용과 관련된 배경지식과 기본지식을 습득해야 하고, 배경지식을 토대로 책의 내용을 객관적으로 이해하고자 노력해야 한다. 이와 같이 독서는 저자의 저술 의도가 무엇이며, 책의 시대적 배경, 줄거리 그리고 주제 등에 대해 객관적으로 이해하는 행위이다.

둘째, 독서는 자신의 삶을 반성해 보는 행위이다. 일반적으로 독서는 책을 읽고 내용과 줄거리를 습득하는 행위로만 알고 있다. 단지 이런 정보를 습득하기 위한 목적만이라면 인터넷 등의 매체를 활용할 수 있다. 하지만 이러한 행위를 독서라고는 하지 않는다. 그렇다면, 독서에는 지식을 습득하는 목적 이외에 또 다른 목적이 있을 수 있다. 인류가 정보나 지식을 습득하는 목적은 풍요롭고 지혜로운 삶을 영위하는데 있다. 만약 독서를 통해 얻은 정보가 삶에 아무런 도움이 되지 않는다면 독서는 무의미한 행위에 불과하다. 성리학자인 주자朱子는 독서를 약을 쓰는 일에 비유하면서, 병을 치료하기 위해 약을 지어 놓고도 복용하지 않는다면 약은 아무런 소용이 없듯이 책을 읽을 때 자신의 삶에 적용해 인생에서 만나는 어려운 문제를 해결하지 못하면 독서는 무의미하다고 말한 적이 있다. 이와 같이 독서는 삶을 반성해 보고, 자신의 더 나은 삶을 도모하는 행위이다.

셋째, 독서는 의미지평을 확장하는 행위이다. 독서는 저자와 독자 간의 대화이다. 이러한 대화 과정에서 독자는 저자가 집필할 때 원래 의도한 대로 읽지 않을 수도 있다. 저자가 저술 과정에서는 특정한 의도를 지니고 있겠지만, 독서 과정에서는 저자가 집필의 권위를 가지고서 독자의 이해에 개입할 수는 없다. 그렇다고 독자가 책의 내용을 자의적으로 해석할 수 있는 것도 아니다. 그래서 독자의 입장에서 책을 해석해 보고, 책의 내용에서 자신의 삶을 반성해 보는 과정이 중요하다. 이런 과정을 통해 양자 간의 접점을 찾아낼 수 있다. 그래서 독서는 책의 의미와 독자가 기존에 가지고 있던 의미가 만나 좀 더 확장되고 심화된 의미를 구성하는 행위로 이해된다. 독자는 이런 과정을 통해 자신의 한계성을 극복하면서 한층 성숙된 인간으로 성장할 수 있다.

2. 독서의 가치

인류역사에서 위대한 인물들은 대부분 독서의 중요성을 강조하였다. 그들이 말한 독서의 중요성은 조금씩 다를 수 있다. 하지만 독서가 인간의 삶의 문제를 해결하는데 매우 유용한 것만은 분명하다. 워렌 버핏(Warren Bufett)은 가장 짧은 시간에 인생의 의미를 바꾸어줄 수 있는 가장 위대한 방법이 있다면, 그것은 바로 독서라고 말한 적이 있다. 그의 말처럼 독서는 인간의 삶에서 필요한 여러 요소를 얻을 수 있는 행위이다. 독서는 인간의 삶에 있어서 다음과 같은 구체적인 가치를 지닌다.

첫째, 독서는 저자와의 만남을 통해 즐거움을 느끼게 해 준다. 우리는 일상생활에서 인생의 스승을 만나면 즐겁다. 독서는 비록 실제 인물과의 만남은 아니지만 시·공간을 초월해 위대한 인물을 만나 그로부터 평생 잊지 못할 교훈을 얻게 해 주니, 이 또한 즐거운 일이 아니겠는가? 하지만 독서에 익숙하지 않는 대부분 사람들에게는 독서는 여전히 어려운 일이다. 이러한 사람들은 자신의 문제점이 무엇인지 생각해 보고, 독서전략을 철저히 세워서 책을 읽어 볼 필요가 있다. 이런 과정을 통해 독자가 자신의 문제를 해소할 수 있는 지혜를 발견하고, 세상을 옳게 바라볼 수 있는 혜안을 얻게 된다면 독서의 기쁨을 얻을 수 있을 것이다.

둘째, 독서는 다양한 삶에 대한 간접적 체험을 하게 해 준다. 독서는 소설이나 희곡에서 등장하는 여러 인물들의 삶의 모습을 통해 독자가 체험하지 못한 다른 세상의 경험을 체험하게 해준다. 독자는 시나 수필을 읽으면서 자신과는 다른 사람의 감정, 생각과 행동을 간접적으로 체험해 볼 수 있다. 이와 같이 독서는 알지 못했던 새로운 세계를 접하게 해 주고, 해 보고 싶었던 일을 간접적으로 경험하게 해 준다. 그래서 독서를 통한 간접적 체험은 독자의 삶에 대한 이해지평을 더욱 확장시켜 준다.

셋째, 독서는 올바른 가치관과 인생관을 확립하게 해 준다. 가치관은 인생을 살아가면서 반드시 해야 할 일, 바람직한 일이 무엇인지를 분명하게 인식하고, 어떠한 위기나 유혹에도 흔들리지 않고 올바르게 행동하려는 태도를 말한다. 책에는 여러 윤리적인 문제와 가치관의 문제를 함축하고 있다. 그래서 독자는 작가 또는 작중 인물과 대화를 나누면서 그들과 자신을 동일시하거나 그들을 통하여 자신을 객관화시킬 수 있으며, 때로는 책을 통해서 자신의 정당성을 확보할 수도 있다. 그래서 독서는 독자가 무엇이 옳은 일이며, 어떻게 살아야 하는지에 대해 방향을 제시해 준다.

넷째, 독서는 올바른 의사결정능력을 신장시켜 준다. 사람은 삶을 살아가는 과정에서 수많은 의사결정을 해야 하는 상황에 직면한다. 그러나 올바른 의사결정을 하기 위해서는 비판력. 판단력 등의 지적 능력이 요구된다. 이러한 지적 능력은 선천적으로 주어진 것일 수도 있지만 독서와 같은 간접 경험을 통해서 길러질 수 있다. 예를 들면, 법에 관한 많은 책을 읽은 사람이 그렇지 않는 사람보다 법에 관한 지식과 판단력을 지니고 있으며, 윤리에 관한 책을 많이 읽은 사람은 윤리의 근본적인 문제에 대한 통찰을 통해 올바른 윤리적 판단을 내릴 수 있다. 이와 같이 독서는 독자의 의사결정능력을 향상시킬 수 있는 방법이 된다.

다섯째, 독서는 다양한 지식과 정보를 습득하게 해 준다. 독서는 정보를 얻을 수 있는 가장 기본적인 수단이다. 독자는 각 분야의 전문가가 일생 동안 고생해서 축적한 지식을 짧은 시간에 쉽게 습득할 수 있다. 특히, 고도의 산업 사회 및 정보화 사회에서는 이전 보다 정보의 양이 급속도로 증가하면서, 독서의 역할도 더욱 중시되고 있다. 그래서 독서량이 특정 분야에서 성공적인 삶을 누리거나 능력 있는 사람을 평가하는 중요한 잣대가 되기도 한다.

여섯째, 독서는 사회 발전에 기여한다. 일상생활에서 어떤 책이 세상을 바꾸어 놓았다는 말을 듣곤 한다. 그런데 엄밀하게 생각해 보면, 책 자체가 세상을 바꾼 것이 아니라 그 책을 읽는 독자의 사고와 행위가 세상을 바꾼 것이다. 독서 행위는 저자와 독자의 만남을 통해 사회적 유대감을 형성하고 사회적 문제를 개선하는데 있어서도 중요한 기능을 한다. 이러한 예는 인류 역사에서 쉽게 찾아 볼 수 있다. 이전에 금서 목록이 작성되고 검열도 활발하게 이루어진 적이 있다. 이런 역사적 사실은 책과 독서의 힘이 사회를 변혁시키는데 영향력을 행사할 수 있음을 간접적으로 보여준다. 그래서 독서는 개인의 발전뿐만 아니라 사회의 발전에도 기여한다.

Ⅱ. 독서의 방법

독서는 모든 사람에게 지적 · 정신적 성장을 준다고는 쉽게 말하면서도 어떻게 책을 읽어야 하는가에 대해서 말하는 사람은 많지 않다. 독서는 독자의 성향과 태도에 따라 다양한 방법이 있을 수 있지만, 독서를 하면서 반드시 수행해야 할 활동을 독서 전 활동, 독서 중 활동 그리고 독서 후의 활동으로 나누어 생각해 보자.

1. 독서 전 활동

1) 독서의 목적 인식하기

글을 잘 읽기 위해서는 먼저 독서의 목적을 분명히 인식해야 한다. 책을 읽는 목적은 독자가 처한 상황에 따라 다를 수 있다. 독서는 책 속의 정보를 획득하기 위해 책을 읽을 수도 있으며, 필자의 사상과 감정 또는 가치관과 정서적 태도를 배우기 위해서일 수도 있으며, 여가를 보내기 위한 것이나 즐거움을 얻기 위해서일 수도 있고, 심리적 장애를 치유하기 위해 할 수도 있다. 이처럼 독서의 목적은 자신이 처한 상황에 따라 다를 수 있다.

2) 책 선택하기

베스트셀러나 권장도서는 시중 서점에서 쉽게 접할 수 있다. 그런데 남들이 쉽게 읽는 책인데도 나에게 어렵게 느껴지는 경우가 있다. 이는 책 선택에 문제가 있기 때문이다. 책은 독서 목적, 독자의 능력, 취향을 고려해 선택해야 한다. 그러나 자신의 취향에 맞는 책만 선택하는 것도 문제가 될 수 있다. 일반적으로 신념을 뒷받침하는 책, 자기와 비슷한 취향의 책만을 선택하는 경우가 있다. 자신의 성향과 유사한 책만 읽게 되면 자신의 신념을 정당화할 수는 있지만 독단에 빠질 수 있다. 그래서 자신과 다른 성향의 책을 선택해 읽는 것이 좋다. 자신과 다른 성향의 책은 자신의 한계를 인식하고 경계를 무너뜨리게 해 준다. 그래서 책을 선택할 때에는 개방적인 태도를 지니면서 다양한 영역과 관점의 책을 골고루 선택할 필요가 있다.

3) 예측하기

책의 제목을 보고 어떠한 내용을 주제로 삼고 있는지를 생각해 본다. 그 다음에 소제목을 보고 논의가 어떻게 전개되는지에 대해 예측해 본다. 책에 사진이나 도표가 있으면, 이러한 자료를 통해 저자가 강조하려는 내용이 무엇인지를 미리 생각해 보는 것도 좋은 방법이다. 독자가 독서 전에 책에 대한 지식을 갖고 있다면 책을 쉽게 읽을 수 있다.

4) 배경지식 활성화하기

배경지식이란 독자가 이미 가지고 있는 내용적 지식과 개인적 경험을 말한다. 독자의 배경지식이 다르기 때문에 책 전체의 의미가 다르게 이해될 수 있다. 그래서 책의 주제와 관련된 내용을 생각해 보고, 그 주제에 대한 자신의 입장을 한번 정리해 볼 필요가 있다. 예를 들면, 안락사와 관련된 책을 읽는다면 안락사에 대해 어떻게 생각하는지를 정리해 볼 수 있다. 이런 과정을 통해 독자의 배경지식을 활성화하면서 책 내용에 접근할 수 있다.

5) 질문하기

책을 읽을 때에는 질문을 던지면서 읽어야 한다. 질문하기가 없으면 생각도 없다. 질문 없이 책의 내용만 읽다 보면 저자의 생각에 매몰되기 쉽다. 다행히도 저자의 생각이 옳다면 모르겠지만 그의 주장이 틀린 경우에는 문제가 심각해진다.

그래서 독서는 저자의 생각을 맹목적으로 수용하기 보다는 주체적으로 읽을 필요가 있다. 이를 위해 질문하기는 유용하다. 책을 통해 저자와 이야기를 나누기 전에 자신이 무엇을 알고 있는지 그리고 무엇을 얻고 싶은지 미리 생각해 본다. 예를 들면 행복에 관한 책을 읽기 전에 '나는 과연 행복한가?', 또는 '행복은 무엇인가?'와 같은 질문을 던져 볼 수 있다. 질문하기는 책을 주체적으로 읽을 수 있는 밑거름이 된다. 그리고 책 제목이나 소제목을 바탕으로 누가, 언제, 무엇을, 왜 등의 질문을 만들어 본다. 이런 질문은 독자의 호기심을 자극하여 핵심내용에 집중하게 해주고, 스스로 답을 찾으면서 요점 정리에도 도움을 준다. 다음 내용을 참고하여 질문을 만들어 볼 수 있다.

* 독자 자신의 관심사나 독서 목적에 따라 질문 만들기
* 글의 제목, 소제목, 삽화나 사진 등을 훑어본 후 질문 만들기
* 육하원칙에 따라 질문 만들기
* 글쓴이의 집필 동기에 대한 질문 만들기

2. 독서 중 활동

첫째, 정독해야 한다. 프란시스 베이컨은 "어떤 책은 맛보기 위한 것이고 어떤 책은 삼키기 위한 것이다. 그러나 어떤 소수의 책들은 잘 씹어서 소화시켜야 한다"고 말한 적이 있다. 모든 책을 정독할 필요는 없다. 흥밋거리 책이나 단순한 정보를 얻기 위한 책이라면 정독할 필요는 없겠지만, 고전과 같은 인류의 지혜를 담고 있는 책은 정독할 필요가 있다. 정독은 아주 상세하게 읽는 방법이다. 한 권을 읽더라도 책의 내용을 엄밀하게 분석하면서 읽어야 한다. 책을 정독하면서 그 책에서 말하고자 하는 의미가 무엇이며, 그 의미를 객관화하면서 깊이 생각해 보아야 한다. 그래서 독서할 때 다음과 같은 방법으로 정독해 볼 필요가 있다.

* 논리 전개를 떠올리면서 읽는다.

* 예측한 내용이 맞는지 확인하고 궁금했던 내용의 답을 찾는다.
* 장면, 절차, 이미지 등을 머릿속에 그리면서 읽는다.
* 집필 의도를 추론해 본다.
* 글의 내용이나 글쓴이의 주장에 공감하거나 반박해 본다.
* 내용의 사실성, 논리성, 타당성, 실현 가능성을 생각하면서 읽는다.
* 새로운 아이디어나 대안을 떠올려 본다.

둘째, 저자와 대화를 나눈다는 생각으로 책을 읽는다. 혼자서 책의 내용을 파악하려는 수동적인 책 읽기 습관은 버려야 한다. 독서가 지루한 이유는 바로 이러한 수동적 독서 습관 때문이다. 아무리 재미있는 일도 혼자서 하게 된다면 머지않아 지루하게 된다. 책을 재미있게 읽을 수 있는 방법은 저자와 직접 대화하는 방식이다. 그래서 저자에게 다가가 대화한다는 생각으로 독서를 해야 한다. 그러면 저자의 문장이 지루하지 않게 느껴진다. 독서 또한 소통의 과정이다. 하지만 우리가 타인과 대화할 때에 어느 한쪽이 일방적으로 이야기만 하고, 다른 한쪽이 일방적으로 듣기만 한다면 진정한 대화라고 할 수 없다. 진정한 대화는 자신의 입장을 말하기도 하고 또 상대방의 이야기를 잘 듣는 과정이다. 그래서 독서에서도 저자의 생각을 겸허하고 진지하게 수용해야 할 뿐만 아니라 독자의 입장도 분명하게 드러낼 필요가 있다. 이와 같이 저자와 직접 대화한다는 생각으로 책을 읽게 되면 지루하지 않으면서도 진지한 독서가 될 수 있다.

셋째, 책에 메모하면서 읽는다. 독자가 저자와 대화할 수 있는 방법 중의 하나가 책을 읽으면서 빈 공간을 활용하여 저자에게 하고 싶은 말을 적어 보는 방법이다. 그리고 자신이 공감하는 부분이 있다면 '동의함'이라고 적어 보거나 하트 모양을 그려 넣어볼 수도 있다. 책의 전체 내용은 일관성이 있지만, 부분적으로 논리의 앞뒤가 맞지 않는다면 다음에 혹 저자를 만난다면 물어본다는 생각으로 분명하게 표시해 두는 것도 좋다. 그리고 책의 빈 공간에 그 단락의 핵심내용을 메모하거나 생각해 볼 문제를 적어 본다. 또한 여러 색의 색연필을 가지고 읽으면서 빨간색으로는 의문이 드는 내용을 표시하고, 파란색으로는 공감하는 내용에 밑줄을 그으면서 표시하는 방법을 취해도 좋다. 이와 같이 저자와 만나 토론해 본다는 생각으로 중요한 내용과 의심되는 내용을 메모하면서 독서하는 것이 좋다.

넷째, 상상력을 발휘하면서 독서한다. 독서에서 책의 내용만 수동적으로 받아들이는 것은 쉬운 독서법일 수 있지만 오히려 지루한 과정이 될 수 있다. 그래서 무미건조해 보이는 이론서를 읽을 때 특히 많은 상상력이 요청된다. 책을 읽으면서 추상적인 내용을 문자적인 의미로만 이해하지 말고, 머리와 가슴으로 다양한 이미지를 상상해 볼 수 있다. 이 이미지는 읽고 있는 내용과 관계가 있지만 독자의 과거 경험과 관련되어 나타나게 된다. 이러한 과정을 통해서 책의 내용이 지닌 구체적이고 현실적인 의미를 이해할 수 있다.

다섯째, 책을 읽으면서 독서 행위에 대해 점검하고 조절한다. 독서의 목적을 명확히 하고 독서 전 활동을 충실하게 시행했다고 해도 독서의 목적을 달성하지 못할 수 있다. 따라서 독자는 자신의 독서 과정에 관여하는 여러 요인을 점검하고, 독서 목적에 맞게 스스로 독서 행동을 조절할 수 있어야 한다. 독자는 자신의 독서 과정에 관여하는 여러 요인을 점검해 볼 필요가 있다.

* 책의 내용이 나의 독서 목적에 부합하는가?
* 독서 목적에 부합하는 책 읽기를 하고 있는가?
* 독서 상황과 환경은 양호한가?
* 책의 난이도는 적절한가?

독서 점검을 통해서 효율적인 독서가 아니라고 판단되면, 독자의 독서 태도와 글의 내용 등을 일부 조절할 필요가 있다. 독자의 읽기 능력, 배경 지식, 마음, 태도, 동기 등을 조절한다. 예를 들면, 책을 읽는 것이 불편하다면 자세를 바르게 한다든가, 머리가 복잡하고 심리가 불안정하다면 잠시 휴식을 취할 수도 있다.

책의 난이도를 조절한다. 글의 난이도, 주제 등을 고려하여 독서 과정을 조절해야 한다. 그리고 글을 읽다가 이해되지 않는 부분이 생길 경우에는 그 내용을 물음표로 표시해 두고, 전체 내용을 읽은 후에 그 부분으로 돌아가서 글의 전체 맥락을 고려하면서 다시 읽어 본다. 그래도 이해가 되지 않는 경우가 있다면 그 원인을 생각해 본다. 그 원인이 단어의 생소함에 있다면 용어 해설집이나 참고서를 이용해 보고, 문장의 복잡성 때문이라면 문장을 단문 형식으로 구성해 보고, 선행 지식이 부족하다면 단원의 다른 부분을 참고해 본다. 그리고 책의 내용이 전반적으로 어렵다면, 읽기를 중단하고 내용이 비슷한 좀 더 쉬운 책으로 바꾸어 읽거나 다른 참고 서적을 찾아 보충한다.

3. 독서 후 활동

독서를 통해 주제를 파악하고 책이 갖는 성격을 규명하였다면, 이 내용을 정리하고 자신에게 어떠한 의미가 있는지에 대해 생각해 보아야 한다. 그래서 독서 후에는 다음과 같은 활동을 해 보자.

* 그림이나 표를 활용하여 내용을 정리해 본다.
* 각 장이나 절의 핵심내용을 파악한다.
* 세부내용이 연결될 수 있는 핵심주제를 생각해 본다.
* 책 내용을 간단하게 요약한다.

그리고 독서한 내용을 글쓰기와 토론으로 연결해 보자. 독서와 글쓰기는 모두 의미를 재구성하는 활동이라는 점에서 공통점을 지닌다. 독서는 대부분 글쓰기를 통해서 그 결과를 드러낸다. 따라서 글쓰기는 독서 능력을 향상시키는 가장 강력한 방법이 될 수 있다. 독서 후에 책 내용을 정리하는 것이 부담된다면, 책과 관련된 아무 내용이나 적어보자. 최소한 친구에게 어떤 책을 금방 읽었는데 "이 책은 무척 감동적이다." 또는 "이 책을 읽으면서 시간만 낭비한 것 같다."라는 문자를 보낼 수도 있다. 그런 후에 자신의 소감을 저자에게 편지의 형식으로 질문하고 싶었던 내용, 비판하고 싶었던 내용, 감명 받은 내용을 써 보자.

책을 글쓰기와 자신의 내면을 반성하기 위한 아이디어와 자료집이라고 생각한다. 그래서 책을 읽고 느끼고 배운 점이 있다면 그 내용을 인터넷에 올려 보거나 수업 시간에 발표해 보면서 자신의 생각과 다른 친구들과 토론해 볼 수도 있다. 독서 신동으로 불리는 존 스튜어트 밀은 책을 읽은 후 언제나 아버지와 토론을 벌이면서 시간가는 줄 모르고 토론을 즐겼다고 한다. 이와 같이 독서를 책 읽기에만 머무르지 않고 글쓰기와 토론과 연결하게 되면 더욱 유익하고 재미있는 독서가 될 수 있다.

| 연습문제 |

1. 다음 글을 앞에서 배운 독서 전, 독서 중, 독서 후 활동에 따라 읽어보자.

독서의 계절

지난 여름의 혹독한 시련을 뒤로하고 어느새 신선한 가을이 우리 곁에 성큼 다가와 있다. 예로부터 가을을 수식하고 찬미하는 많은 말이 있었다. 그 가운데에서 으뜸은 아마도 '독서의 계절' 일 것이다. 나 역시 고교 시절까지만 해도 매년 이맘때면 왼쪽 가슴에 어김없이 '독서주간'이라는 리본을 달고 다녔던 기억이 생생하다.

그런데 요즘은 어떠한가? 이른바 정보화의 물결을 타고 인터넷이 보급되면서 독서라는 말은 점점 사라지고 있다. 더구나 온갖 선정적인 것이 판을 치는 오늘날 청소년들은 독서보다는 영화 감상, 노래 듣기 등을 주된 취미로 하고 있다. 물론 이러한 취미가 잘못되었다는 것이 아니다. 그리고 나는 지금 가을을 독서의 계절이라고만 강조하려는 것도 아니다.

예전에는 가을이 선선하고 청명한 날씨이기 때문에 다른 계절보다도 독서하기에 좋았음을 강조했던 것이 사실이다. 그러나 한번 뒤집어서 생각해 보자. 독서하기 좋은 까닭이 선선한 날씨 때문이라면, 이러한 날씨는 다른 것을 하기에도 안성맞춤이리라.

독서를 함으로써 얻게 되는 이로운 점이야 많은 사람들이 강조했기에 내가 새삼스럽게 언급할 필요는 없을 것이다. 그런데 그토록 독서가 좋다면 어찌 가을만을 독서의 계절이라고 할 것인가! 특히 생동하는 청소년들이 뛰어 놀기 좋은 계절에는 마음껏 놀게 하자.

그 대신 너무나 더워서 불쾌지수가 높고 움직이기 싫은 여름이나, 추위로 인해 또한 활동하기 좋지 않은 겨울을 독서의 계절로 삼아 보면 어떠할까!

여름날 찬물에 발을 담그고 가만히 앉아서 선인들의 지혜와 필요한 지식을 독서를 통해 습득하면 그 얼마나 좋은 일이겠는가! 겨울이면 아랫목에 엎드려서라도 군고구마나 군밤을 곁에 두고 가을날 마음껏 뛰어 노느라고 읽지 못한 책을 읽어보면 어떠할까!

이렇게 보면 사실 독서의 계절이 따로 없다는 것을 느끼게 될 것이다. 독서하는데 무슨 장소와 때를 필요로 하겠는가. 언제 어디서나 손에 책 한 권을 쥐고 있는 그 모습이 어찌 아름답지 않겠는가!

문성화, 영남일보, 2002. 10. 14.

2. 다음 질문을 생각해 보자.
   1) 자신의 독서 경험을 떠올려 보고, 책을 읽은 목적이 무엇이었는지 이야기해 보자.
   2) 독서를 통해 얻고 싶은 바가 무엇인지 이야기해 보고, 한 학기의 독서 계획을 세워 보자.

Ⅲ. 고전 읽기

1. 고전의 개념

일반적으로 고전은 오랫동안 많은 사람이 읽어온 모범이 될 만한 문학이나 예술 작품을 말한다. 한자 '古典'도 오래된 서지書誌나 전적典籍을 뜻하여 보존하여 읽을 가치가 있는 책을 의미했다. 영어 'classic'은 라틴어 'classicus'에 연원하는데, 이는 로마 시대 때 시민 계급 중 가장 높은 계급을 지칭했다. 이것이 문학에 쓰이면서 작품성이 뛰어나거나 타의 모범이 되는 작품으로 의미가 전이되었다. 그러한 고전의 대상은 거의 고대 그리스·로마의 작품이었기 때문에 실제로 고전은 당시의 작품으로 이해되었다. 그러나 오늘 날에는 특정 시대나 특정 지역을 넘어 높이 평가되고 널리 애독되는 작품을 고전에 귀속시킨다.

결국, 고전은 시간과 관련이 있다. 시간은 모든 것을 소멸시키고 망각의 강으로 침잠시키는 바, 책도 예외는 아니다. 인간이 문자를 발명하여 기록을 남기기 시작한 이래 수많은 책이 등장했다가 사라져갔다. 불의의 사고나 인간의 무지로 인해 사라진 아까운 책도 많지만 책 자체의 가치가 없어 사라진 경우가 대부분이다. 고전은 시간의 시련과 질곡을 넘어 살아남았기에 역사적 가치가 있을 뿐 아니라 현재에도 계속 영향을 미치는 작품이다. 멀게는 수천 년 전에 나온 것도 있지만 가깝게는 몇 세대 전의 것도 있다. 유사 이래 한 시대를 풍미한 수많은 베스트셀러가 있었지만 고전으로 남은 것은 극소수이다. 물론 구체적으로 어떤 책을 고전의 범주에 넣느냐는 기준은 사람마다 차이가 있다. 현대인들의 고전읽기에 많은 관심을 기울여 온 이탈로 칼비노는 고전의 특징을 다음과 같이 정리한 바 있는데, 시사하는 점이 많다.

고전이란?

1. 고전이란 '다시 읽는다'는 느낌을 주는 책이다.
2. 고전이란 읽고 소중하게 여기는 책이다.
3. 고전이란 특별한 영향을 미치는 책이다.
4. 고전이란 다시 읽을 때마다 새로운 것을 발견하는 책이다.
5. 고전이란 처음 읽을 때도 다시 읽는 느낌을 주는 책이다.
6. 고전이란 할 말을 끝내지 않는 책이다.
7. 고전이란 이전의 것을 우리 눈앞에 갖다 놓는 책이다.
8. 고전이란 그전에 몰랐던 것을 가르치는 책은 아니다.
9. 고전이란 비평 담론이라는 구름을 끊임없이 만들어 내는 책이다.
10. 고전이란 들어서 아는 것보다 직접 읽으면 더욱 새롭고 독창적인 것을 발견하게 하는 책이다.
11. 고전이란 고대의 부적처럼 우주를 대변하는 형식의 책이다.
12. 고전이란 우리와 무관하지 않는바, 그와 대결하며 우리를 규정하게 하는 책이다.
13. 고전이란 일련의 계통이 있는 책으로 많이 읽으면 그 위치를 파악할 수 있다.

이탈로 칼비노, 『왜 고전을 읽는가?』 중 요약[1)]

오늘날 고전에는 과학, 경제, 예술 같은 분야의 저서들도 두루 포함되고 있지만 전통적인 의미에서 고전은 '문사철(문학, 사학, 철학)'로 대변되는 인문고전을 말한다. 인문고전은 인류의 정신사적 지혜와 그 유산을 전적으로 언어라는 매개에 담고 있고, 시간적으로 뒤에 것이 앞의 것을 극복하는 관계가 아니라는 점에서 과학서와 구별된다. 언어는 생각의 결과물인 동시에 생각의 수단이다. 현재까지 인류가 발명한 것 중에 언어보다 더 나은 사고의 매개는 없다.

고전은 작가에 의해 한 번 쓰인 뒤 독자들에 의해 늘 다시 쓰인다. 이러한 의미에서 버지니아 울프는 『햄릿』에 대해 다음과 같이 말했다. "해마다 햄릿을 새로 읽고 그 때마다 감동을 글로 남기면 그것은 사실상 우리 자신들의 자서전을 쓰는 것이나 마찬가지다. 인생의 경험이 풍부할수록 인생에 대한 셰익스피어의

1) Italo Calvino, *Why Read the Classics?*, Pantheon Books, 1999.

해석도 그만큼 더 절실하게 와 닿기 때문이다."[2] 즉, 고전은 독자에게 지식과 정보를 제공할 뿐 아니라 영감을 심어줘 글을 쓰게 하는 매우 창조적인 책이다. 한 권의 고전에 대해 수많은 서적이 나와 있는 것은 우연이 아니다.

세계의 결정적 책 15권 – 스탠포드 대학원 '문학과 문명' 세미나 선정	
1 성서	9 유토피아 - 모어
2 선집 - 루소	10 수상록 - 몽테뉴
3 자본론 - 마르크스	11 인간 오성론 - 로크
4 군주론 - 마키아벨리	12 세계사의 개념 - 헤르더
5 종의 기원 - 다윈	13 인구론 - 맬서스
6 대혁신 - 베이컨	14 논리학 - 헤겔
7 방법서설 - 데카르트	15 선집 - 니체
8 국가 - 플라톤	

2. 고전에 대한 오해와 편견

1) 고전은 이 시대에 맞지 않은 고리타분한 책이다

이러한 생각은 오랫동안 지속되어 온 편견이자 오해이다. 자세히 관찰해 보면 고전의 반열에 드는 책은 모두 우리의 현재와 깊은 관계가 있다. 오늘날 쏟아져 나오는 수많은 책도 알고 보면 순수한 창작이라기보다는 직간접적으로 고전에 기대고 있는 경우가 많다. 저명한 작가들의 경험에 의하면 책의 탄생에 가장 큰 기여를 하는 것은 또 다른 책이다. 이 또 다른 책의 대표적인 것이 고전이다. 동시에 고전은 오늘날 새로운 미디어를 통해 끊임없이 재탄생하고 있다. 영화, 음악, 뮤지컬 등이 다루고 있는 내용은 알고 보면 많은 경우 고전이 그 모티브를 제공

2) 알베르 트망구엘, 『독서의 역사』, 정명진 역, 서울: 세종서적, 2000, p. 19.

하고 있다. 새롭다고 주장하는 것 중에 많은 것들이 이미 예전에 있던 것임을 발견하는 경우가 많다. 요즘도 새로운 아이디어라고 열광하는 것 중에 그 기반이 고전인 경우가 허다하다. 일찍이 성경에서 솔로몬은 하늘 아래 새 것은 하나도 없다고 했는데, 여전히 통용되는 통찰이다. 아무리 새로운 것이라 해도 무에서 나올 수는 없는 바, 옛것과 씨름하는 과정에서 나올 수밖에 없다. 이런 의미에서 우리의 선현들은 온고지신溫故知新을 말했고 또 법고창신法古創新을 강조했다.

2) 고전은 어렵다

고전이라고 하면 일단 어려운 책이라는 생각을 하는 사람들이 많다. 물론 내용적으로 난해한 작품도 더러 있지만 많은 경우 지레 겁을 먹은 데서 오는 오해이다. 고전은 시대, 지역, 세대를 초월하여 통하는 내용이기 때문에 보편성이 가장 큰 특징이다. 이는 마음만 먹으면 누구나 이해할 수 있다는 것을 말한다. 초등학교 교사인 송재환은 초등학생들에게 고전을 읽혀 큰 성공을 거두고 그 결과를 『초등 고전읽기 혁명』이란 책으로 펴내 유명해졌다. 그는 초등학교 6학년이면 톨스토이 단편선, 『백범일지』, 『논어』, 셰익스피어 4대 비극, 『구운몽』, 『오만과 편견』 같은 작품을 읽는데 아무런 어려움이 없다고 한다. 물론 아이들이 책을 이해하는 정도나 방식은 어른들의 경우와 같지는 않다. 고전의 매력은 바로 독자에 따라 수감하는 바가 다양하다는 데 있다. 송재환은 고전의 의미에 대해 이렇게 말한다.

> 고전은 다이아몬드와 같아요. 다이아몬드에 빛을 비췄을 때 각도에 따라서 빛이 달라지듯이, 아이들과 어른들이 읽는 논어의 의미가 달라요. 아이들한테 와 닿는 구절이 다르고, 어른들에게 와 닿는 구절이 다르죠. 아이들한테도 깨달음이 있고, 어른들한테도 깨달음이 있어요. 성장해나가면서 계속 읽는 것이 고전이에요. 어려서부터 읽는 거지요. 고전은 읽을 때마다 의미가 새롭고 아무리 많이 읽어도 질리지 않아요.[3]

---

3) http://ch.yes24.com/Article/View/19279(2013년 11월 10일 검색)

고전이 어렵다는 생각을 깨고 초등학생들도 최고 수준의 작품을 읽을 수 있다는 사실을 증명한 사람이 또 있으니, 바로 미국 시카고의 마바 콜린스라는 사람이다. 빈민가 학교의 교사였던 그녀는 모두가 포기한 문제아들에게 호머, 플라톤, 초서, 톨스토이 같은 최고급 고전 작가들을 읽혀 미국 교육계를 깜짝 놀라게 했다. 그런 고전을 읽은 학생들은 성적이 5단계 올랐을 뿐 아니라 인생에 커다란 변화를 경험했다고 한다. 콜린스의 학생들 중에는 심지어 고대 영어로 된 초서의 작품을 암기하여 전문가들의 귀를 의심케 했다. 그녀는 고전이 어려운 것이 아니라 어렵다는 생각이 문제라고 일갈했다.

3) 고전은 전공 공부에 도움이 안 된다

대학은 전공을 깊게 공부하는 곳이지 고전을 읽는 곳이 아니라고 생각하는 사람들이 적지 않다. 더 나아가 취업과 관련된 실용적인 공부를 할 시간도 없는데, 알아도 그만 몰라도 그만인 고전을 왜 읽느냐고 반문하는 사람도 있다. 이는 하나를 알고 둘은 모르는 소치이다. 가장 전문적이고 실용적인 공부일수록 고전이 바탕이 되어야 한다. 요즘 한국사회에 고전을 가장 열심히 읽는 사람들이 기업의 CEO라는 사실이 무엇을 말하겠는가? 이윤과 효용성을 기업의 목적에서 빼버렸기 때문에 그런 것이 아니다. 실제는 그 반대이다. 바로 눈앞의 이득은 안 될지 모르지만 멀리 보면 인문고전 만큼 기업에 도움이 되는 것이 없기 때문이다.

경제학의 창시자라 불리는 애덤 스미스는 대학에서 철학을 전공했고 경영학의 아버지라 칭하는 피터 드러커는 철학교수였다. IT의 천재라는 스티브 잡스는 소크라테스와 오후 한 나절을 보낼 수 있다면 자신의 모든 기술을 주겠다고 한 바 있다. 자산가치가 750달러가 넘는다고 하는 페이스북의 창시자 마크 주커버그도 필립스 엑스터 아카데미에서 고전을 집중적으로 공부한 사람이다. 그는 여전히 자신의 성공을 고전 읽기에 돌리고 있다.

과학계에도 고전의 의미는 무시할 수 없다. 뉴턴이나 아인슈타인이 젊은 시절에 인문학 독서에 심취한 것은 잘 알려진 사실이다. 노벨 물리학상을 받고 쿼크를 발견한 머리 겔만은 현대문학에 조예가 깊었고, 양자역학의 창시자인 슈뢰딩거도 고대 철학에 깊은 소양이 있었다. 사실 고대로 거슬러 올라가면 철학과 과학은 분리된 것이 아니라 하나였다. 고전은 인문학에 속한 사람들이나 읽는 것이라고 생각한다면 이는 너무나 근시안적인 생각이다. 고전은 바로 써먹을 수 있는 처세술이나 성공 전략을 제공하는 인스턴트 제품은 아니다. 조선 후기의 실학자인 안정복은 『잡록』에서 잡서에 대해 다음과 같이 경고한 바 있다.

> 책 보는 일은 삼가지 않을 수가 없다. 음란한 소설을 보면 저도 몰래 방탕한 마음이 생겨난다. 산수의 해맑은 이야기를 읽으면 어느새 안개와 노을을 향한 생각이 깃든다. 병법과 진법에 관한 여러 글을 보노라면 모르는 사이에 용맹한 기운이 솟아난다. 성현의 경전을 읽으면 뜻과 기운이 화평하게 되어 어느새 광명정대光明正大한 마음이 생긴다. 그런 까닭에 옛 사람은 매번 잡서雜書를 가지고 경계로 삼았다.[4]

아이들이 과자나 인스턴트 음식에 길들여지면 제대로 된 밥은 싫어하고 그 맛을 모르듯이, 젊은 날에 쉽고 재미있는 책만 보면 무게 있는 책은 멀어질 수밖에 없다. 최근에 한국의 주요 대학의 도서관 대출순위를 조사한 것을 보면 스팩 쌓기와 관련된 책이 가장 많고 인문학은 판타지나 베스트셀러가 대신하고 있다. 소위 고전의 반열에 드는 도서는 거의 눈의 띄지 않았다. 어느 유명 대학의 경우 『해리포터』가 대출순위 1위를 차지했는데, 영국에서 이 책은 초등학생들의 인기 도서라고 한다. 고전은 한 시대의 인기에 기대고 있는 책이 아니라 세월을 넘어 작용하는 책이다. 그러한 고전을 읽는데 인내와 노력을 투자하는 것은 너무나 당연하다.

4) 고전은 완벽한 책이다

완벽한 것은 다 좋은데 재미가 없다는데 치명적인 맹점이 있다. 즉, 고전은 완벽해서 재미가 없다는 사람들이 많다. 몰라서 하는 소리이다. 고전은 형식적으로나 내용적으로나 아예 미완성인 경우도 적지 않다. 많은 세월이 지났는데도 해결하지 못한, 불확실하고 모호한 부분으로 논란이 되고 있는 고전이 적지 않다. 이

---

4) 정민, 『오직 독서뿐』, 서울: 감영사, 2013, p. 143.

는 대체로 고전이 생성된 시점이 멀기 때문이기도 하지만 주제 자체의 특성 때문이기도 하다. 그러한 거리와 불확정성은 독자들에게 선의의 도전이 되는 바, 나름대로 완성하고 해결하려는 의지를 부추기기 때문이다.

> 흔히 고전으로 불리는 책들은 단순히 메시지를 전달하는 데 그치지 않는다. 고전은 그 책 자체가 논란의 대상이 되어 대대로 토론에 부쳐진다. 그 과정에서 책 한 권이 각계각층의 다양한 생각을 하나의 고리로 연결해 준다. 고전을 통해 지식의 깊은 세계를 느껴보지 못한 사람은 사물이나 상황을 이해하는데 1차원으로 해석하는 경우가 많다. 고전의 세계를 경험하면 어떤 현상을 바라볼 때, 다양한 측면에서 고찰함으로써 그 이면을 들여다볼 수 있게 된다. 이는 고전이 인간의 삶을 조망함으로 겉으로 보이지 않는 무언가를 자꾸 탐구하도록 만들기 때문이다. 다시 말해 단순히 글을 읽고 고개를 끄덕이는 데 그치지 않고 그것이 내가 알고 있는 역사의식과 정보와 한데 엉켜 중층 구조로 겹쳐지고 이것이 결합해 새로운 수평선이 나타나며 이것들이 여러 개 형성 되면서 삼차원, 사차원의 지적 공간을 형성하는 것이다.[5]

서울대 권장도서 100선	
한국문학	고전시가선집
	연암산문선(박지원)
	구운몽(김만중)
	춘향전
	한중록(혜경궁홍씨)
	청구야담
	무정(이광수)
	삼대(염상섭)
	천변풍경(박태원)
	고향(이기영)
	탁류(채만식)
	인간문제(강경애)
	정지용전집(정지용)
	백석시전집(백석)
	카인의후예(황순원)
	토지(박경리)
	광장(최인훈)
외국문학	당시선
	홍루몽(조설근)
	루쉰전집(루쉰)
	변신인형(왕멍)
	마음(나쓰메 소세키)

5) 스티브 레빈, 『전략적 책 읽기』, 송승하 역, 서울: 밀리언 하우스, 2011, p. 35.

구분	도서
외국문학	설국(가와바타 야스나리)
	일리아드, 오딧세이아(호메로스)
	변신이야기(오비디우스)
	그리스비극선집(소포클레스/아이스퀼로스/에우리피데스)
	신곡(단테)
	그리스로마신화
	세익스피어
	위대한 유산(찰스 디킨스)
	주홍글씨(호손)
	젊은 예술가의 초상(제임스 조이스)
	허클베리 핀의 모험(마크 트웨인)
	황무지(엘리엇)
	보바리 부인(플로베르)
	스완네 집 쪽으로(프루스트)
	인간조건(말로)
	파우스트(괴테)
	마의 산(토마스 만)
	변신(카프카)
	양철북(그라스)
	돈키호테(세르반테스)
	백년동안의 고독(마르께스)
	픽션들(보르헤스)
	고도를 기다리며(베케트)
	카라마조프가의 형제들(도스토예프스키)
	안나 카레니나(톨스토이)
	체호프 희곡선(체호프)
동양 사상	삼국유사(일연)
	보조법어(지눌)
	퇴계문선(이황(李滉))
	율곡문선(이이(李珥))
	다산문선(정약용)
	주역
	논어
	맹자(맹자(孟子))
	대학, 중용(증자(曾子), 자사(子思))
	제자백가선도
	장자(장자(莊子))
	아함경(작자미상)
	사기열전(사마천(司馬遷))
	우파니샤드(작자미상)
서양 사상	역사(헤로도토스(Herodotos))
	의무론(키케로(Cicero, Marcus Tullius))
	국가(플라톤(Platon)(영:Plato))
	니코마코스윤리학(아리스토텔레스(Aristoteles))
	고백록(아우구스티누스(Aurelius, Augustinus))
	군주론(니콜로마키아벨리(Machiavelli))
	방법서설(르네데카르트(Descartes, Rene))
	리바이어던(토마스홉스(Hobbes, Thomas))
	정부론(존로크(Locke, John))

서양 사상	법의정신
	에밀(장자크루소(Rousseau, Jean-Jacques))
	국부론(아담스미스(Smith, Adam))
	페더랄리스트페이퍼(알렉산더해밀턴(Hamilton, Alexander))
	미국의민주주의(알렉시스토크빌(Tocqueville, Alexis))
	실천이성비판(임마누엘칸트(Kant, Immanuel))
	자유론(존스튜어트밀(Mill, John Stuart))
	자본론(칼마르크스(Marx, Karl Heinrich))
	도덕계보학(프리드리히니체(Nietzsche, Friedrich))
	꿈의해석(지크문트프로이트(Freud, Sigmund))
	프로테스탄티즘의윤리와자본주의정신(막스베버(Weber, Max))
	감시와처벌(미셸푸코(Foucault, Michel Paul))
	간디자서전(M.K. 간디지음; 함석헌옮김)
	물질문명과자본주의(페르낭브로델(Braudel, Fernand))
	홉스봄4부작(에릭홉스봄(Hobsbawm, Eric John Ernst)) -혁명의시대,자본의시대,제국의시대,극단의시대
	슬픈열대(레비스트로스(Levi-Strauss, Claude))
	문학과예술의사회사(아르놀트하우저(Hauser, Arnold))
	미디어의이해(마샬맥루한(Mcluhan, Marshall))
과학 기술	과학고전선집
	신기관(프란시스베이컨(Bacon, Francis))
	종의기원(찰스다윈(Darwin, Charles Robert))
	과학혁명의구조(토마스쿤(Kuhn, Thomas S.))
	괴델, 에셔, 바흐(더글러스호프스태터(Hofstadter, Douglas R.))
	부분과전체(베르너하이젠베르크(Heisenberg, Werner))
	엔트로피(제레미리프킨(Rifkin, Jeremy))
	이기적유전자(리처드도킨스(Dawkins, Richard))
	객관성의칼날(찰스길리스피(Gillispie, Charles Coulston))
	같기도하고, 아니같기도하고(로얼드호프만(Hoffmann, Roald))
	카오스(제임스글리크(Glieck, James))

고전의 문제와 쟁점은 고전을 모국어로 읽지 못한다는 데도 기인한다. 예를 들면 외국인들이 만든 고전 리스트의 경우, 한국어로 된 작품은 하나도 없으므로 100% 외국어인 셈이다. 한국의 고전이라고 해도 조선시대 때까지 나온 대부분의 저명 작품은 한문으로 되어 있으므로 일반인들은 역시 번역에 의존할 수밖에 없다. 서양의 경우에도 희랍어나 라틴어를 공부한 소수를 제외하고는 플라톤이나 아리스토텔레스를 번역으로 읽을 수밖에 없다. 이러한 경향은 시간이 지날수록 더 심화될 것이다. 번역은 아무리 잘 했다고 해도 원본의 의미와 일치하지는 않는다. 고전은 시간적으로나 공간적으로 우리와 멀리 떨어져 있는 세계일 뿐 아니라 언어적으로도 이중 삼중으로 떨어져 있다. 어떤 고전도 처음 그대로에 접근하는 것은 무리이고 또 그럴 필요도 없다. 어차피 고전이란 독자들에 의해 늘 새롭게 완성되어야 하는 책이기 때문이다.

3. 고전 읽기의 가치

한 권의 고전이 담고 있는 내용은 단순히 폭이 넓고 깊을 뿐 아니라 통합적이고 융합적이다. 현재 각종 고전 목록에 올라있는 작품을 보면 특정 전공에 국한되지 않는다. 킨스만은 인간의 심리적 유형을 생계형, 외부 지향형, 내부 지향형으로 나눈 바 있는데, 이것을 독서에 적용할 수 있다. 즉, 생계형 독서는 각종 수험서나 스펙을 쌓기 위한 기술서적에 해당하고 외부 지향형 독서란 인간관계, 자기계발, 경영 등에 관한 책이다. 둘 다 매우 실용적인 책이고 요즘 대학생들이 많이 읽는 책이다. 마지막으로 내부 지향형 독서는 한 인간의 내면을 가꾸는 고전을 말한다. 자기계발을 위한 실용서가 무익한 것은 아니지만 대학생들에게는 그보다 우선적인 것이 고전이다. 근본을 잘 다져야 하고 주춧돌을 확고하게 놓아야 한다. 어차피 세상에 존재하고 또 쉼 없이 쏟아져 나오는 수많은 책을 다 읽을 수는 없다. 결국 시간이 확실히 검증해 놓은 고전을 우선적으로 읽는 게 가장 경제적이다. 현실에 쫓겨 어쩔 수 없이 전공서적이나 실용서적에 매달려야 한다면 최소한 균형을 잡기 위해서라도 틈틈이 고전을 읽어야 한다. 젊을 때 고전을 읽고 나이가 들어 다시 돌아올 수는 있어도 나이가 들어 젊을 때 시작도 하지 않은 고전의 세계로 진입하는 것은 불가능하다. 이런 의미에서 도로우는 우선 제1급의 책을 읽어야 하는데, 그렇지 않으면 그것을 읽을 기회를 영원히 놓칠지 모르기 때문이라고 했다. 한권의 고전이 주는 이득은 수 없이 많지만 아래 서너 가지로 요약할 수 있다.

1) 고전은 생각의 지렛대이다

어떤 책이든 책을 읽는 행위는 글의 의미를 구성해 가는 일이기 때문에 최소한의 사고 없이는 불가능하다. 그래서 책은 생각을 대행해 주는 매체라고 할 수 있다. 그러나 생각에도 강도와 수준이 있는 바, 고전은 매우 높은 수준의 사고를 요한다. 왜냐하면 고전은 인간과 세상에 대해 보편적이면서도 근본적인 질문을 던지기 때문이다. 고전은 인스턴트 음식처럼 자신의 입맛에 딱 맞는 결론이나 메시지를 얻으려는 사람에게는 매우 답답한 책이다. 그런 것은 독자 스스로 찾거나 만들어야 하는데, 고전은 거기에 필요한 에너지로서 생각하는 힘을 제공한다. 생각은 이해, 비판, 대안 마련이라는 지적 과정에 필수적인 에너지이다. 고전은 특히 현실에 대한 비판적 의식을 키우고 더 나아가 미래를 위한 대안을 고민하게 한다.

오늘날의 개념으로 말하자면 고전은 융합적인 사고를 키운다. 고전이라 칭해지는 책 중에 단일한 주제에 매여 있는 것은 없고 또 특정한 독자층만을 대상으로 하는 경우도 없다. 한 권의 고전에는 다양한 주제와 문제가 침윤되어 있기 때문이다. 이러한 책을 자주 그리고 많이 읽으면 삶과 세상에 대한 이해가 깊고 넓어질 수밖에 없다. 이는 다양한 영역의 지식과 학문을 통섭하고 융합하여 새로운 차원의 창조가 요청되는 오늘날 반드시 갖춰놓아야 할 기초이다. 실제로 고전을 공부하다보면 자신의 지식과 역사적 간격이 맞물려 어떤 융합이 이루어지는 것을 체험할 수 있다. 오늘날 지식과 정보는 엄청나게 확대되었고 또 그것을 확보하는 것도 문제가 아니다. 그러나 대부분의 지식과 정보는 뿌리 없이, 맥락 없이 부유하고 있다. 구슬이 서 말이라도 꿰어야 쓸모가 있듯이 지식의 파편이 아무리 많아도 그 자체로는 큰 효용성이 없다. 고전은 작금에 부유하는 지식과 정보의 뿌리이고 그들을 꿰어 뭔가 만들 수 있는 연결고리가 된다.

2) 고전은 감성을 확장하고 뇌를 발전시킨다

고전의 시공은 광대하다. 당연히 독자는 먼 것을 당겨 와야 하고 오래 전의 것을 현재화해야 한다. 상상력의 폭이 넓어지지 않으면 안 된다. 에머슨은 좋은 책을 읽을 때는 3천년도 더 사는 것 같다고 한 적이 있다. 고전교육으로 유명한 이지성은 고전이 두뇌 발전에 얼마나 큰 영향을 미치는지, 칼 비테의 교육법을 통해 강조하고 있다. 즉, 19세기 독일의 한 시골의 목사였던 칼 비테는 저능아로 태어난 아들의 두뇌를 고전교육을 통해 천재로 만들었다고 한다.

> 카를 비테에게는 확신이 있었다. 비록 아들이 저능아로 태어나긴 했지만 다른 교육을 받으면 얼마든지 천재가 될 수 있다는. 그가 아들에게 실시한

> 다른 교육 과정 중 하나는 인문고전 독서 교육이었다. 그는 아들에게 태어난 지 15일째부터 위대한 시인들의 시를 읽어주었다. 두 살 때부터는 베르길리우스의 아이네이스 같은 고전을 읽어주었고 여덟 살 때부터는 아들 스스로 그리스 로마 고전을 원전으로 읽게 했다. 카를 비테 주니어의 두뇌는 위대한 천재들이 집필한 인문고전을 지속적으로 접하고 기적처럼 변했다. 그는 고작 아홉 살에 라이프치히 대학의 입학 자격증을 취득했는가 하면 열세 살에 기젠 대학에서 철학박사 학위를 받았고 열여섯 살에는 하이델베르크 대학에서 법학박사 학위를 받았다. 그리고 곧바로 베를린 대학교 법학부 교수로 임용되었다. 그는 여든세 살로 세상을 떠날 때까지 당대를 대표하는 천재 중의 한 명으로 칭송받았다.[6)]

이렇게 고전은 사람을 변화시킬 뿐 아니라 뇌까지 개선시키는 막강한 힘이 있다는 것이 많은 위인들을 통해 증명되고 있다.

3) 고전은 글로벌 마인드를 함양한다

고전이란 그것이 탄생된 특수한 배경을 담고 있으면서 동시에 인류 보편에 해당되는 문제를 다루고 있다. 따라서 고전은 친근하기도 하면서 낯설기도 하다. 이러한 양 측면이 상호작용하기 때문에 독서 중에 사유가 확장될 수밖에 없다. 고전은 그만큼 시간적으로나 공간적으로 우리와 떨어져 있는 세계를 다루고 있어서 그렇기도 하지만 그 내부에 이미 서로 이질적인 요소를 포함하고 있기 때문이다. 고전은 긴 세월을 통해 뒤섞이고 융합된 문화의 다층성을 내포하고 있기에, 고전을 읽는다는 것은 동질성과 함께 이질성을 이해하는 일이다. 좋든 싫든 다양한 문화가 급격하게 만나고 섞이는 오늘날, 타 문화를 이해하는 것은 세계화된 시대를 살아가는데 필수 요건이다.

---

6) 이지성, 『리딩으로 리드하라』, 서울: 문학동네, 2010, pp. 61-62.

뉴스위크 100대 명저	
1 전쟁과 평화 - 톨스토이	26 미국의 민주주의 - 토크빌
2 1984년 - 오웰	27 종의 기원 - 다윈
3 율리시스 - 조이스	28 역사 - 헤로도투스
4 롤리타 - 나보코프	29 사회 계약론 - 루소
5 음향과 분노 - 포크너	30 자본론 - 마르크스
6 보이지 않는 인간(투명인간) - 앨리슨	31 군주론 - 마키아벨리
7 등대로 - 버지니아 울프	32 고백록 - 성 아우구스티누스
8 일리어드/오딧세이 - 호메로스	33 리바이어던 - 홉스
9 오만과 편견 - 제인 오스틴	34 펠로폰네소스 전쟁사 - 투키디데스
10 신곡 - 단테	35 반지의 제왕 - 톨킨
11 캔터베리 이야기 - 초서	36 곰돌이 푸 - 밀른
12 걸리버 여행기 - 스위프트	37 나니아 연대기 - 스테이플스 루이스
13 미들마치 - 조지 엘리엇	38 인도로 가는길 - 포스터
14 모든 것이 무너진다 - 아체베	39 길위에서 - 케루악
15 호밀밭의 파수꾼 - 샐린저	40 앵무새 죽이기 - 하퍼 리
16 바람과 함께 사라지다 - 마거릿 미첼	41 성경
17 백년 동안의 고독 - 마르케스	42 시계 태엽 오렌지 - 버지스
18 위대한 개츠비 - 피츠제럴드	43 8월의 빛 - 포크너
19 캐치-22 - 헬러	44 흑인의 영혼 - 두 보이스
20 빌러비드 - 모리슨	45 광막한 사르가소 - 진 리스
21 분노의 포도 - 존 스타인벡	46 보바리 부인 - 플로베르
22 자정의 아이들 - 살만 루슈디	47 실락원 - 밀턴
23 멋진 신세계 - 헉슬리	48 안나 카레리나 - 톨스토이
24 댈러웨이 부인 - 버지니아 울프	49 햄릿 - 셰익스피어
25 토박이 - 리처드 라이트	50 리어왕 - 셰익스피어

51 오셀로 - 셰익스피어	76 밤 - 위젤 루마니아
52 소네트 시집 - 셰익스피어	77 달려라 토끼 - 업다이크
53 풀잎 - 휘트먼	78 순수의 시대 - 워턴
54 허클베리핀의 모험 - 마크 트웨인	79 포트노이의 불평 - 필립 로스
55 킴 - 조지프 러디어드 키플링	80 미국의 비극 - 드라이저
56 프랑켄슈타인 - 메리 셸리	81 메뚜기의 하루 - 웨스트
57 솔로몬의 노래 - 모리슨	82 북회귀선 - 헨리 밀러
58 뻐꾸기 둥지위로 날아간 새 - 켄 키지	83 말타의 매 - 해밋
59 누구를 위해 종을 울리나 - 헤밍웨이	84 황금 나침반 - 풀먼
60 제5도살장 - 보거넷	85 대주교에게 죽음은 온다 - 캐더
61 동물농장 - 오웰	86 꿈의 해석 - 프로이트
62 파리 대왕 - 골딩	87 핸리 애덤스의 교육 - 핸리 애덤스
63 냉혈한 - 카포티	88 마오쩌뚱 어록 - 마오쩌둥
64 황금 노트북 - 도리스 레싱	89 종교적 경험의 다양성 - 윌리엄 제임스
65 잃어버린 시간을 찾아서 - 프루스트	90 다시 찾은 브라이즈헤드 - 에블린 워
66 빅 슬립 - 챈들러	91 침묵의 봄 - 카슨
67 내가 누워있을 때 - 포크너	92 고용, 이자 화폐에 관한 이론 - 케인스
68 해는 또다시 떠오르다 - 헤밍웨이	93 로드 짐 - 콘라드
69 나는 황제 클라우디우스다 - 그레이브스	94 모든 것의 이별 - 그레이브스
70 마음은 외로운 사냥꾼 - 매컬러스	95 풍요한 사회 - 갤브레이스
71 아들과 연인 - 로렌스	96 버드나무에 부는 바람 - 그레이엄
72 모두가 왕의 부하들 - 워런	97 맬컴 엑스의 자서전 - 알렉스 헤일리
73 산에 올라 고하여라 - 볼드윈	98 빅토리아 시대의 명사들 - 스트레이치
74 샬롯의 거미줄 - 화이트	99 컬러 퍼플 - 워커
75 암흑의 핵심 - 콘라드	100 제2차 세계대전 - 처칠

4. 고전 읽기의 전략

1) 열정적인 도전의 자세가 필요하다

고전이라고 다른 책 읽기와 본질적으로 다르지는 않겠지만 마음 자세를 좀 더 굳게 가질 필요가 있다. 아놀드 베네트는 독서 이후에 피곤하지 않으면 제대로 된 독서가 아니라고까지 했다. 독서에 집중과 열정이 필요하다는 말인데, 바로 고전 읽기에 필요한 자세이다. 한 번에 읽고 소화해버리면 되는 인스턴트 독서에 익숙한 사람들에게 고전은 커다란 도전임에 틀림없다. 고전은 속독으로 정복되는 책이 아니다. 특히 동양고전은 지식습득이나 사고의 폭을 넓히는데 그치지 않고 그것을 삶에 적용할 것을 요구하기에 더욱 그러하다.

요즘 대학생들이 독서 자체를 안 하는 것도 문제이지만 그나마 읽는 책도 지성인들에게 어울리는 책이 아니라는데 심각한 문제가 있다. 우리 사회는 언젠가부터 좋은 책은 쉽고 재미있는 책이란 집단 오류에 빠져있는 것 같다. 한 번 읽어보고 어려우면 다시 읽어서 이해하겠다는 도전 정신은 없고 아예 불필요한 책이라고 제쳐버린다. 이것이 다름아닌 대학 안의 현실이라면 우려하지 않을 수 없다. 일찍이 주자는 다른 사람이 한 번 읽어서 알면 자신은 백 번을 읽고, 다른 사람이 열 번 읽어서 알면 자신은 천 번을 읽는다고 했다. 주자 같은 천재가 그랬을진대 우리 같은 범인들은 어떻게 해야겠는가. 무엇보다 청춘의 도전적 열정이 고전읽기에 필요하다. 백 권의 잡서를 읽는 것보다 고전 한 권을 읽으면 비용도 절약될 뿐더러, 훨씬 더 큰 효용성을 얻을 수 있다.

2) 이해되지 않은 부분이 있더라도 끝까지 읽고 전체를 반복해서 읽는다

심도 깊은 사상과 지혜가 담긴데다 오래 전에 쓰인 고전을 한꺼번에 다 이해하려는 것은 과욕이다. 전혀 그럴 필요가 없다. 이해가 되지 않는 부분은 밑줄을 그어놓거나 물음표로 표시해 두었다가 한 번 더 읽으면 된다. 아니면, 특별히 어려웠던 부분이나 장은 따로 읽는 것도 좋은 방법이다. 고전을 읽고 이해하는 데는 소위 '해석학적 순환'이란 방법을 따르면 좋다. 해석학적 순환이란 부분과 전체의 상호작용을 통한 이해를 말한다. 예를 들면 한 권의 책을 읽고 이해하려할 때, 단어, 문장, 문단, 장이라는 부분을 거쳐 전체에 이른다. 부분의 이해를 거쳐 전체가 파악되지만 동시에 전체를 통해 부분의 이해가 완성된다.

독서 중에 특정한 부분이 이해되지 않아도 계속 읽어나가다 보면 전체적인 맥락에 의해 다시 이해가 되는 경우가 있다. 이렇게 한 권의 책은, 특히 고전은 부분이 전체를 만들고 전체가 부분을 돕는 구조로 되어 있다. 따라서 이상적인 독서는 반복을 통한 부분과 전체의 상호이해라고 할 수 있다. 즉, 세부적으로 이해가 되지 않는 것은 그대로 두고 끝까지 읽은 뒤에 전체 맥락에서 다시 읽으면 쉽게 이해된다. 끊임없이 새로운 것을 추구하는 현대인들은 반복을 싫어한다. 하지만 선현들은 좋은 책은 수없이 반복해서 읽었다. 잘 아는 대로 공자는 『주역』을 하도 읽어서 죽간의 가죽이 세 번이나 떨어졌고 세종대왕은 『좌전左傳』이란 중국의 역사서를 백 번 이상 읽었다고 한다. 또 독일의 천재 작곡가 바그너는 쇼펜하우어의 『의지와 표상으로서의 세계』에 빠져 출판된 첫 해에만 네 번 읽고 그 뒤에도 수시로 읽어 1,000페이지가 넘는 책을 거의 외웠다고 한다. 한마디로 고전은 반복해서 읽을 필요가 있고 당연히 그럴만한 가치가 있다.

3) 과거로 돌아가고 현재와 연결하는 상상력을 발휘한다

고전이 어렵게 느껴지는 것은 무엇보다 쓰인 시대적 배경이 현재와 많이 다르기 때문이다. 따라서 저자가 산 시대와 저자의 생애에 대해 살펴보면 큰 도움이 될 것이다. 오늘날 인터넷 검색을 통해 그러한 기본 정보를 찾는 일은 너무나 간편하고 쉽다. 책을 읽으면서 저자의 모습과 당시의 상황을 그림처럼 떠올릴 수 있다면 책과의 소통이 훨씬 수월해진다. 물론 여기서 그치면 안 된다. 결국 책 속에서 얻은 것을 가지고 나의 현실이나 세상과 대화를 해야 한다. 고전의 세계는 단순히 '그때 거기'로만 존재하지 않는다. 끊임없이 '지금-여기'를 비춰보는 거울로 사용해야 한다. 즉, 고전은 나와 세상을 성찰해보는데 더 없이 좋은 거울이다. 동시에 앞으로 가야할 길에 대해서도 많은 조언을 해준다. 많은 사람들은 그저 반복해서 읽으면 모르던 것도 다 알게 되고 저자의 의도를 다 파악할 수 있을 것이라고 생각한다. 그러기에는 인생의 시간이 제한되어 있다. 책을 읽는데 든 시간의 반만큼이라도 사색해야 한다.

4) 소리 내어 읽고 필사한다

고전은 눈으로 한 번 훑고 넘어갈 책이 아니기 때문에 숙독을 필요로 한다. 숙독의 일환으로 가장 효과적인 방법이 소리 내어 읽는 것이다. 학교에서 한글로 된 책을 소리 내어 읽는 것은 초등학교 정도에서 끝나고 그 이후로는 묵독을 하는 것이 현실이다. 서양이나 동양이나 자국어인 경우 소리 내어 읽는 경우는 매우 드물다. 읽는 속도가 느리고 주위 사람에게 방해가 되기 때문이다. 그러나 뇌 전문가들의 연구가 증명하듯이 소리 내어 책을 읽으면 뇌의 근육이 강화된다. 이는 공부에 필수적인 암기력과 집중력을 키운다는 뜻이다. 소리 내어 읽는 것은, 보고 말하고 생각하고 듣는 것이 동시에 이루어지는 뇌의 다중적 활동이다. 인간의 뇌는 오감을 복합적으로 사용할 때 가장 활발하게 작용한다. 물론 소리 내어 읽는 것은 눈으로 읽는 것보다 힘이 훨씬 많이 들기 때문에 한 번에 많이 하는 것보다 조금씩 꾸준히 하는 것이 좋다. 그래서 낭독은 속독이 필요하지 않은 고전에 적합한 방식이다.

사실 묵독의 역사는 그렇게 오래되지 않았다. 조선 시대에는 담장을 넘는 선비의 책 읽는 소리에 반한 처녀들의 이야기가 종종 나온다. 서양도 근대 이전에는 낭독이 일반적이었는데, 특히 성경은 큰 소리로 읽었다. 물론 매일 새로운 읽을거리가 쏟아져 나오는 오늘날 모든 글을 소리 내어 읽을 수는 없고 그럴 필요도 없다. 눈으로 빠르게 훑고 지나가도 놓칠 게 하나 없는 책이 수없이 많다. 고전처럼 좋은 글은 가락이 있고 리듬이 있게 마련인데, 소리 내어 읽으면 이것이 몸에 익혀져 글쓰기에도 큰 도움이 된다.

낭독에서 한 걸음 더 나아가는 숙독의 방식으로 베껴 쓰기가 있다. 예전의 학자들은 평생 필사로 공부를 했다. 이황이나 정약용 같은 천재들도 좋은 책을 만나면 단순히 읽는 것으로 모자라 필사하며 학습했다고 한다. 책 전체를 베껴 쓰는 게 힘들면 중요하다고 생각되는 부분이라도 필사하는 습관을 들일 필요가 있다. 한국뿐만 아니라 해외까지 이름을 날리고 있는 작가 신경숙은 글쓰기를 공부할 때, 마음에 드는 소설을 통째로 베껴 썼다고 한다.

5) 읽은 후에는 토론하고 독후감을 쓴다

책을 읽고 이야기하고 토론하는 것만큼 독서를 효율적으로 만드는 것도 없다. 독서 후의 대화는, 소가 낮에 풀을 뜯어 먹은 후 밤에 되새김질을 하는 것과 같다. 책에서 아무리 큰 감동을 받고 많은 지식을 얻었다고 해도 그것을 가슴과 머리에 그대로 두면 쉽게 사라질 뿐 아니라 피와 살이 되지 않는다. 감동을 밖으로 토로하고 얻은 지식에 대해 토론을 하면서 독서가 완성된다. 특히 고전은 사람마다 이해하는 방식이나 수준이 상이하기 때문에 토론을 통해 많은 것을 배울 수 있다.

우선 독서에 대한 전반적인 느낌을 이야기하며 대화를 해본다. 감동적이었던 부분이나 이해하기 힘든 부분이 자연스럽게 토로될 것이다. 여기서 더 나아가 구체적인 문제나 쟁점으로 넘어가게 되고 본격적인 의미에서 독서토론이 가능해진다. 이 과정에서 이해한 것은 더욱 확고해지고 오독이나 잘못 이해한 것은 수정된다. 오독이나 오해는 꼭 다른 사람이 지적하지 않아도 토론 중에 스스로 깨닫는 경우가 많다. 그러나 일상에서 고전을 읽고 자연스럽게 대화할 사람을 찾기는 쉽지 않다. 그래서 독서 모임이나 고전읽기 같은 프로그램에 가입해서 함께 읽고 토론을 하는 것이 가장 효율적이다. 오늘날 독서모임은 학교 안이나 밖에 많이 있어 마음만 먹으면 쉽게 찾을 수 있을 것이다. 토론의 구체적인 방법에 대해서는 이 책의 다른 장에 자세히 나와 있으므로 참조하면 될 것이다.

독서를 완성하는 것은 독후감이다. 글을 쓰는 것은 나의 내부에 잠자고 있는 또 다른 나를 깨우는 가장 좋은 방법이다. 독후감은 책 읽기를 가장 창의적으로 실현하는 방법이다. 독후감 쓰기도 자세한 방법과 실례가 이 책의 다른 장에 잘 다루어져 있으므로 참조하길 바란다.

6) 비판적으로 읽고 질문한다

생산적인 책 읽기는 이해하고 수용하는 자세보다 질문하는 자세를 요청한다.

질문하며 책을 읽는 것은 책을 가장 철저히 읽는 방식이기도 하다. 질문은 반드시 답을 얻어야 의미가 있는 것은 아니다. 좋은 질문은 그 자체로 가치가 있는 바, 무엇보다 생각을 촉진한다는 큰 의미가 있다. 질문은 조그만 빈틈에도 멈춰 관찰해야 하고 당연해 보이는 것도 의심해 보는 것을 의미한다. 뉴턴은 사과가 나무에서 떨어지는, 너무나 당연한 사실을 의심하면서 만유인력을 발견했다. 헤겔은 잘 알려진 것은 바로 그 때문에 제대로 인식되지 않는 경향이 있다고 했다.

우리나라의 경우 옛 선현들은 책을 읽을 때, 의심하는 것을 오히려 경계했다. 지적 오만을 경계한 것이지만 이때의 책은 절대적인 권위가 부여된 경서가 대부분이었기 때문이다. 서양에서도 성서는 오랫동안 일점일획도 틀리지 않은 책으로 인식되었다. 무슬림들은 코란에 대해 아직도 그러한 생각을 품고 있다. 그러나 시대가 바뀐 지금 어떤 저자의 책도 의심할 권리와 자격이 독자에게 있다. 오늘날 스마트폰만 열면 모든 지식과 정보를 열람할 수 있고 초를 다투는 속도의 세상이기 때문에 독서하면서 질문하고 비판할 여유는 잘 없을 것이다. 그러나 주체적이고 창의적인 교양인이 되기 위해서는 스스로 문제를 발견하고 질문하는 태도가 필수적이다. 세계 인구의 0.2% 밖에 안 되는 유대인들이 노벨상의 22%를 차지하고 있는 이유가 뭘까? 노벨 물리학상을 받은 이바르 게이바는, 그 이유를 끊임없이 회의하고 질문하는 유대인들의 자세에서 찾았다. 유대인 출신의 작가 카프카도 질문하기 위해 읽는다고 했다.

7) 좋은 번역으로 읽는다

고전은 원전을 읽는 게 가장 좋지만 전문가가 아닌 이상 그럴 수 없는 경우가 대부분이다. 따라서 잘 된 번역을 찾는 게 매우 중요하다. 고전의 맛을 제대로 느끼지 못하는 이유가 번역에 있는 경우가 많다. 좋은 번역을 가려낼 자신이 없을 때는 관련 전문가들의 추천을 받는 것이 가장 빠른 길이다. 고전을 많이 읽다보면 번역이 얼마나 중요하고 어려운지 절감하게 된다. 사실 고전 번역의 양과 질은 한 나라의 학문적 수준을 가늠하는 척도이기도 하다. 고전에 대한 일반인들의 관심이 크면 클수록 번역의 질도 높아지고 더 나아가 모국어도 풍성해진다. 서구의 인문학이 그리스어 고전이나 라틴어 고전을 자국 말로 번역하면서 발전한 것은 우연이 아니다.

한국의 고전 번역은 아직 그 수준이 높지 않을 뿐 아니라 번역의 역사 자체가 짧다. 예전에 선비들은 중국책을 원전 그대로 읽었기 때문에 번역할 필요가 없었다. 세종대왕의 한글 창제 이후에도 중국의 고전을 한글로 번역해서 읽으려는 노력은 없었다. 한문을 읽고 고전을 공부하는 것은 어차피 엘리트 지배층의 몫이었다. 그럼에도 선조들의 치열한 고전 공부는 19세기 중엽까지 일본을 가르칠 만큼 수준이 높았다. 그러나 메이지 유신을 통해 일본은 서양에 눈을 돌려 서양의 고전을 엄청나게 번역해서 국민들에게 제공했다. 일본이 서양고전을 번역하면서 만든 많은 용어들이 한국에 그대로 넘어왔다. 얼마 전까지만 해도 한국은 서양 책을 번역할 때, 일어 번역본을 먼저 참고하는 경우가 허다했다. 다행이 이제는 한국도 현대어는 물론 그리스어나 라틴어 고전도 원전을 바로 번역할 만큼 수준이 높아졌다.

5. 고전의 선정의 문제

1) 고전 선정의 기준

고전이라는 말과 함께 거의 자동적으로 떠오르는 책도 있겠지만 목록을 작성하려면 그렇게 간단하지는 않다. 고전의 목록을 선정하는 데는 일정한 기준이 필요하지만 이 기준도 사람들마다 다르다. 그럼에도 몇 가지 공통의 기준은 있다. 우선 고전은 일정한 시간을 거친 작품이어야 한다. 서양식 시대 구분으로 보자면 근대 이후에 나온 작품은 고전에 넣기가 어렵다. 여기서 고전을 인문고전으로 이해할 때, 그 작품은 얼마간의 예외는 있겠지만 대체로 3세대 100년 정도는 거친 것이어야 한다는 사람이 많다. 고전의 반열에 오르려면 한 두 시대에 좋은 평가를 받은 것으로는 부족하다.

다음으로 고전을 선정하는 데 필요한 기준은 현재의 의미와 가치이다. 고전은 대학도서관 깊은 곳에 보관되어 있는, 몇몇 전문가들만 읽을 수 있는 고문서의 가치와는 전혀 다른 것이다. 현재에도 끊임없이 폭넓게 읽혀지고 재해석되고 평가되는 작품이어야 한다. 물론 오늘날 이러한 현상은 상업적 전략에 의해 만들어질 수도 있다. 그렇기 때문에 여기에는 다시 시간의 검열이 필요하다. 고전의 현재성이란 과거가 현재의 모습을 선취하고 있다는 것을 의미하기도 하지만 그보다는 현재를 담아낼 수 있는 고전의 폭과 깊이를 말한다. 고전의 마르지 않은 시의성은 여기서 나오고 고전의 재해석도 이러한 작업에 다름 아니다. 이러한 대전제하에서 고전을 선정할 때, 시대적 안배, 동양과 서양의 균형, 영역간의 균형이 고려된다. 전통적으로 고전은 일반적으로 문학, 철학, 역사 분야를 아우르고 있지만 점차 경제, 정치, 종교 분야로 확대되는 추세이다.

2) 한국의 고전

유감스럽게도 외국에서 만든 고전 목록에 아직 한국의 작품은 등장하지 않고 있다. 번역이 제대로 되지 않아서 그럴 수도 있고 한국이란 나라가 알려지지 않아서 그렇다고 할 수도 있다. 아니면 그러한 현실과 무관하게 세계사적인 차원에서 고전이 될 만한 수준의 작품이 없다고 폄하할 수도 있다. 여기에 대해서 한국은 줄기찬 비극적 역사로 인해 세계적인 고전을 산출할만한 사상과 문화적 풍토를 정립하지 못했기 때문이라고 설명하기도 한다.

그럼에도 불구하고, 아니 바로 그러하기 때문에 한국의 고전을 정립할 필요가 있다. 그것은 결국 한국의 전통 속에서 높은 수준의 사상과 미를 갖춘 보편적인 작품을 발굴해 내는 일과 관련이 있다. 그리고 그것을 깊이 연구하고 끊임없이 현대화하여 널리 보급하는 작업이 필요하다. 한국 고전이란 우리가 한국인으로 살아가는 데 필요한 근본적인 정신체계를 담고 있으면서 앞으로 계속 발전시키고 보편화시킬 수 있는 잠재력을 가진 작품이어야 한다. 그사이 한국 고전의 발굴에 많은 노력을 기울여 왔고 성과도 적지 않은 것 같아 다행이다.

[Tabula Rasa 120]
(계명교양총서120)

1. 핵심도서: 20권

출처: Tabula Rasa College

영역구분	연번	도서명	저자	편·역자	출판사
철학·역사(5종)	1	배움의 기쁨을 기록한 논어	공자	김윤조	계명대학교 출판부
	2	삼국유사	일연	노중국	계명대학교 출판부
	3	소크라테스의 변론, 크리톤, 향연	플라톤	유원기	계명대학교 출판부
	4	소통과 공감의 길라잡이: 명심보감	범립본	권상우	계명대학교 출판부
	5	역사	헤로도토스	배은숙	계명대학교 출판부
문학·예술(10종)	6	구약성경: 욥기, 전도서, 시편		정중호	계명대학교 출판부
	7	구운몽	김만중	김영찬	계명대학교 출판부
	8	르네상스 미술의 이해	김경미		계명대학교 출판부
	9	마음	나쓰메소세키	안영희	계명대학교 출판부
	10	무정	이광수	최애순	계명대학교 출판부
	11	벨킨이야기	알렉산드르 푸슈킨	조미경	계명대학교 출판부
	12	셰익스피어 희곡선: 맥베스, 로미오와 줄리엣	윌리엄 셰익스피어	김종환	계명대학교 출판부
	13	아Q정전	루쉰	최은정	계명대학교 출판부
	14	이방인, 시지포스 신화	알베르 카뮈	김지은	계명대학교 출판부
	15	카프카의 명작 단편선	프란츠 카프카	장희권	계명대학교 출판부
사회·문화(3종)	16	자유론: 자유에 관하여	존 스튜어트 밀	유원기	계명대학교 출판부
	17	목민심서	정약용	김기주	계명대학교 출판부
	18	프로테스탄티즘의 윤리와 자본주의 정신	막스 베버	문성화	계명대학교 출판부
과학·기술(2종)	19	지구환경 위기와 생태적 기회	김종원		계명대학교 출판부
	20	바이오테크놀로지와 생명윤리	유민		계명대학교 출판부

2. 독후감지정도서: 10권

영역구분	연번	도서명	저자	편·역자	출판사
철학 · 역사 (2종)	21	새번역 성경전서: 신약성경 (누가복음, 요한복음, 사도행전)		대한성서공회	대한성서공회
	22	위대한 사상가들: 소크라테스, 석가, 공자, 예수	칼 야스퍼스	권영경	책과함께
문학 · 예술 (4종)	23	고도를 기다리며	사뮈엘 베케트	오증자	민음사
	24	데미안	헤르만 헤세	안인희	문학동네
	25	오이디푸스왕과 안티고네	소포클레스	김종환	계명대학교 출판부
	26	파우스트 (1, 2)	요한 볼프강 폰 괴테	정서웅	민음사
사회 · 문화 (3종)	27	사랑의 기술	에리히 프롬	황문수	문예출판사
	28	이슬람의 눈으로 본 세계사	타밈 안사리	류한원	뿌리와이파리
	29	최초의 신화 길가메쉬 서사시		김산해	휴머니스트
과학 · 기술 (1종)	30	침묵의 봄	레이첼 카슨	김은령	에코리브르

3. 권장도서: 90권

영역구분	연번	도서명	저자	편·역자	출판사
철학 · 역사 (27종)	31	고백록	아우구스티누스	문시영	지식을만드는 지식
	32	군주론	니콜로 마키아벨리	강정인 외	까치
	33	노자의 목소리로 듣는 도덕경	노자	최진석	소나무
	34	니코마코스 윤리학	아리스토텔레스	이창우 외	이제이북스
	35	맹자	맹자	이상호	계명대학교 출판부
	36	명상록	마르쿠스 아우렐리우스	천병희	도서출판 숲
	37	바가바드기타		길희성	서울대학교 출판문화원

철학·역사 (27종)	38	사회계약론	장 자크 루소	이재형	문예출판사
	39	성찰	르네 데카르트	양진호	책세상
	40	순전한 기독교	C. S. 루이스	장경철 외	홍성사
	41	아함경	마스타니 후미오	이원섭	현암사
	42	우파니샤드: 궁극적 진리에 이르는 길		이명권	한길사
	43	유토피아	토머스 모어	주경철	을유문화사
	44	인간 존엄성에 관한 연설	피코 델라 미란돌라	성염	경세원
	45	장자	장자	오강남	현암사
	46	탈무드	사이니야	김정자	베이직북스
	47	화엄경	다마키 고시로	이원섭	현암사
	48	마르코 폴로의 동방견문록	마르코 폴로	김호동	사계절
	49	사란 무엇인가?	에드워드 핼릿카	김택현	까치
	50	생태로 읽는 사기열전	강판권		계명대학교 출판부
	51	열하일기	박지원	허경진	현암사
	52	이탈리아 르네상스의 문화	야코프 부르크하르트	이기숙	한길사
	53	징비록	유성룡	이재호	역사의아침
	54	택리지	이중환	이익성	을유출판사
	55	팡세	파스칼	이환	민음사
	56	한권으로 읽는 매천야록	황현	나중헌	북랩
	57	혁명의 시대	에릭 홉스봄	정도영 외	한길사

문학·예술 (32종)	58	T. S. 엘리엇 전집: 시와 시극	T. S. 엘리엇	이창배	동국대학교 출판부
	59	겐지 이야기 (1~3)	무라시키 시키부	전용신	나남
	60	난장이가 쏘아올린 작은 공	조세희		이성과힘
	61	다른 방식으로 보기	존 버거	최민	열화당
	62	다산의 풍경	정약용	최지녀	돌베개
	63	돈키호테(1, 2)	미겔 데세르반테스사아베드라	안영옥	열린책들
	64	마의 산 (상, 하)	토마스 만	홍성광	을유문화사
	65	말테의 수기	라이너 마리아 릴케	문현미	민음사
	66	박종호에게 오페라를 묻다	박종호		시공사
	67	사랑에 관하여	안톤 체호프	안지영	펭귄클래식코리아
	68	삼대	염상섭		창비
	69	서양미술사	E. H. 곰브리치	백승길 외	예경
	70	설국	가와바타 야스나리	유숙자	민음사
	71	신곡(지옥편, 연옥편, 천국편)	단테	박상진	민음사
	72	아라비안나이트 (1~10)	리처드 F. 버턴	김병철	범우사
	73	안나 카레니나 (1~3)	레프 톨스토이	연진희	민음사
	74	어린왕자	생텍쥐페리	김현	문학과지성사
	75	오디세이아: 트로이 전쟁 그 후 10년의 이야기	호메로스	임명현	돋을새김
	76	원전으로 읽는 변신이야기	오비디우스	천병희	숲
	77	전쟁과 평화 (1~2)	레프 톨스토이	맹은빈	동서문화사
	78	좁은 문	앙드레 지드	이성복	계명대학교 출판부
	79	진달래꽃	김소월		휴먼앤북스

문학·예술(32종)	80	춘향전		송성욱	민음사
	81	카라마조프가의 형제들 (1~3)	표도르 도스토예프스키	김연경	민음사
	82	페드르	장 라신	송민숙	지식을만드는지식
	83	한국 미술의 역사	안휘준, 김원용		시공사
	84	한국고전시가선		임형택 외	창작과비평사
	85	홍루몽 (1~6)	조설근, 고악	최용철 외	나남출판
	86	두보시선	두보	이종한	계명대학교출판부
	87	디자인에 집중하라: 기획에서 마케팅까지	팀 브라운	고성연	김영사
	88	악마의 무늬, 스트라이프	미셸 파스투로	강주헌	이마고
	89	하노버에서 온 음악편지	손열음		중앙북스㈜
사회·문화(9종)	90	나의 생애와 사상	알버트 슈바이처	천병희	문예출판사
	91	문명의 충돌	새뮤얼 헌팅턴	이희재	김영사
	92	문화의 수수께끼	마빈 해리스	박종렬	한길사
	93	미국의 민주주의	알렉시스 드토크빌	은은기	계명대학교출판부
	94	세계사를 움직이는 다섯 가지 힘	사이토 다카시	홍성민	뜨인돌출판사
	95	소유의 종말	제레미 리프킨	이희재	민음사
	96	신화의 힘	조지프 캠벨, 빌 모이어스	이윤기	이끌리오
	97	젊은 지성을 위한 꿈의 해석	프로이트	박정수	두리미디어
	98	정의란 무엇인가	마이클 샌델	이창신	김영사
과학·기술과학	99	같기도 하고 아니 같기도 하고	로알드 호프만	이덕환	까치글방
	100	건축, 음악처럼 듣고 미술처럼 보다	서현		효형출판

· 기술 (14종)	101	그림으로 보는 시간의 역사	스티븐 호킹	김동광	까치글방
	102	데이비드 스즈키의 마지막 강의: 지속 가능한 미래를 상상하라	데이비드 스즈키	오강남	서해문집
	103	부분과 전체	베르너 하이젠베르크	김용준	지식산업사
	104	브루넬레스키의 돔	로스 킹	이희재	세미콜론
	105	수학을 잘하기 위해 먼저 읽어야 할 수학의 역사	지즈강	권수철	더숲
	106	이기적 유전자	리처드 도킨스	홍영남 외	을유문화사
	107	지식의 증류: 연금술, 화학, 그리고 과학혁명	브루스 T. 모런	최애리	지호
	108	총 · 균 · 쇠: 무기, 병균, 금속은 인류의 문명을 어떻게 바꿨는가	제레드 다이아몬드	김진준	문학사상사
	109	통섭: 지식의 대통합	에드워드 윌슨	최재천 외	사이언스북스
	110	페니실린을 찾아서	데이비드 윌슨	장영태	전파과학사
	111	하리하라의 생물학 카페: 신화에서 발견한 36가지 생물학이야기	이은희		궁리
	112	호두껍질 속의 우주	스티븐 호킹	김동광	까치글방
글로벌 리더십 · 진로탐색 (8종)	113	(내 안의 위대한 혁명) 서번트 리더십	제임스 C. 헌터	김광수	시대의창
	114	글로벌 리더십: 넓어진 경제에서 리더의 역할과 책임	C. K. 프라할라드 외	김정수	21세기북스
	115	카네기 인간관계론	데일 카네기	최염순	씨앗을뿌리는 사람
	116	크리스토퍼 피터슨의 긍정심리학 프라이머	크리스토퍼 피터슨	문용린 외	물푸레
	117	간디 자서전	간디	박홍규	문예출판사
	118	왜 세계의 절반은 굶주리는가	장 지글러	유영미	갈라파고스
	119	유엔미래보고서 2040	박영숙, 제롬 글렌 외		교보문고
	120	클라우스 슈밥의 제4차 산업혁명	클라우스 슈밥	송경진	새로운현재

※ 도서명, 저자 및 편·역자는 추천 도서의 출판사 표기에 따름

비판적으로 생각하고 글쓰기*

Ⅰ. 비판적으로 생각하기

우리나라의 초·중·고등학교 교육은 오로지 대학교 입시에만 초점을 맞추고 있다고 해도 과언이 아니다. 그러다 보니 모든 교육방법은 단순한 지식 전달 위주로 흐르고 있다. 그런데 아이러니하게도 학생들에게는 창의성을 요구하고 창의적 인재가 되어야 한다고, 이 사회가 그런 인재를 필요로 하고 있다고 역설한다. 그렇다면 어떻게 하면 창의력을 키울 수 있을까? 주입식 교육제도 하에서는 현실적으로 불가능하다고 틀린 말은 아닐 것이다.

하지만 대학생은 이제 이런 교육방법을 벗어나서 다양한 형태의 교육을 받고 있다. 내용을 암기해야 하는 것도 있지만, 기존의 지식에 대해 비판적으로 생각해 봄으로써 새로운 앎을 창출해 낼 수도 있다. 즉 비판의 대상이 되는 것을 근원적으로 따지고 들어서 옳고 그름 또는 장점과 단점을 판별해내고, 그 대상이 이전의 상태보다도 더 발전되도록 할 수 있다는 말이다. 여기서 창의적 사고가 발전

* 이 글은 "『목요철학』 제9호, 계명대학교 목요철학원 2011. 12.,"에 실린 「비판적 사고의 실례와 교육」이라는 논문에 기초하여 작성된 것임을 밝혀둔다.

될 수 있다.

그렇다면 '비판'이란 무엇인가? 우선 국어사전에서는 "① 비평하여 판정함, ② 인물 · 행위 · 판단 · 학설 · 작품 따위를 평가 · 검토하여 그릇된 점을 밝혀내는 일, ③ 사물을 분석하여 그 각각의 의미 · 가치를 인정하여, 전체의 뜻과의 관계를 밝히고, 그 존재의 논리적 기초를 밝히는 일"[7]로 정의하고 있다. 따라서 간단하게 말해서, 비판은 내용적으로는 비판 대상에 대해 옳고 그름을 가려서 판단하거나 지적하는 것이고, 형식적으로는 그 대상의 논리적 오류를 밝혀내어 바로 잡는 것이라고 할 수 있다. 이제 '사고'에 대해서 간단하게 알아보자.

'인간이란 무엇인가?'라는 질문을 사람들에게 던져보면 많은 대답 가운데 빠지지 않는 것이 있다. 'Homo sapiens'가 그것이다. '인간은 사고하는 존재'라는 말이다. 그런데 '사고한다'는 말의 의미도 사실은 단순하게 정의하기가 매우 어렵다. 사고思考의 출발점과 과정 그리고 결과에 이르기까지 어느 것 하나 복잡하지 않은 것이 없다. 게다가 여기에 '비판적'이라는 수식어를 덧붙이면 문제는 더욱 복잡해진다. 그렇기 때문에 여기서는 '사고'를 일반적으로 '두뇌의 활동에 의해서 일정한 과정을 거쳐서 결론에 이르게 되는 정신적 과정'이라고 정의할 수가 있다.

스스로 사고하며 살아가는 사람이라면 일상생활 속에서 자신과 타인을 향해 (예를 들면, 다음과 같은) 수많은 질문을 던질 것이다. 도대체 우리는 어디에서 왔으며, 죽음은 종말인가 아니면 또 다른 시작인가? 시간은 처음과 끝이 있는가 아니면 영원한가? 과연 신은 존재하는가? 이와 같은 모든 질문의 한 가운데에는 자기 자신이 있고, 더욱 확대하면 인간이 자리하고 있다. 즉 위의 질문들은 '인간이란 무엇인가?'라는 물음과 자연스럽게 연결된다. 이렇게 보면 사고하는 모든 사람은 그저, 막연하게만 살아가는 존재는 아닐 것이다. 자신의 삶과 인간에 대해, 그리고 자연과 우주에 대해 물음을 던진다는 것은 이미 비판적으로 사고한다는 것을 의미한다. 글쓰기에 필요한 비판적 사고도 '인간은 사고하는 존재'라는 사실을 의식하고, 기존에 진리라고 믿어 의심치 않았던 것에 대해 다시 한 번 생각해 보는 것에서 시작된다.

7) 신기철 · 신용철 편저, 『새 우리말 큰사전』, 서울: 삼성출판사, 1986.

Ⅱ. 수학에도 모순이 있다 - 수학적 확실성 뒤집기

흔히 사람들은 수학이 오류가 전혀 없고 가장 확실한 학문이라고 말한다. 그 까닭은 '수학에는 정답이 있다.'는 한 마디면 충분하기 때문이다. "수학은 그 형태가 보편적인 언어이다. 중국 수학이나 미국 수학이라는 것은 존재하지 않는다. 수학은 모든 사람에게 동일하다. 수학은 수학이 없는 곳이 우리에게 부여한 개념으로 이루어져 있다. 수학의 개념들은 인간이 이 세계를 살아가면서 경험한 사실들을 반영한다."[8] 그런데 우리는 수학을 왜 배우는가? 수학뿐만 아니라 그 어떤 학문일지라도 현실과 아무런 관련이 없다면, 그 학문의 생명은 예전에 이미 종말을 고했을 것이다. 수학은 인간이 태어나서 어릴 때부터 연산演算을 하기 위해서 배우기 시작하여, 커서는 첨단 제품을 생산하기 위해서, 더 나아가서는 우주의 신비를 풀기 위해서 학습한다고 해도 과언이 아니다. 하지만 이 가운데 그 어떤 분야에서도 100% 완전한 답은 존재하지 않는다.

가령 '1+2=3'이고, '5-4=1'이며, '6×7=42'이지만, '1÷3=?', '3÷9=?' 또는 '2÷3=?', '4÷6=?'의 답은 각각 '0.33333…∞'과 '0.66666…∞'이다. 우리는 이러한 결과를 어떻게 설명할 수 있는가? 이 나눗셈처럼 수가 나누어 질 수 있는가? 그렇다면 수를 나눈다는 것은 무엇을 의미하는가? 지금 여기서는 고등 수학이 언급되고 있는 게 아니라 단지 사칙연산 가운데 나눗셈에 의해서 해결될 수 없는 것이 문제가 되고 있다. 이를 수학적으로 '유리수有理數'(rational number)라고 답해버리면 간단할 수도 있다. 나눗셈을 하는 것도 곱셈을 하는 것도 모두가 인간의 현실에서 필요하기 때문에 한다. 현실에 필요하지 않는 것이라면 굳이 계속 행하고 보존해야할 이유가 없기 때문이다.

이와 같은 것을 현실에 적용시켜보자. 예를 들면, 우리는 사과 한 개를 세 사람이 나누어 먹기 위해 '1÷3'이라는 나눗셈을 한다고 가정 할 수 있다. 그런데 나눗셈으로도 그렇지만, 실제로 제 아무리 노력을 해도 세 조각을 똑같은 무게나 크기로 나눌 수는 없다. 왜냐하면 저울을 비롯한 다른 측량기구일지라도 100%

8) Rudy Rucker, 『사고혁명』, 김량국 옮김, 서울: 열린책들, 2001, pp.28-30 참조.

완벽한 것은 있을 수 없기 때문이다. 그렇다면 '1÷3'이 의미하는 것은 무엇일까? 현실에서는 1이라는 수를 3등분으로 나누는 게 아니다. 수란 현실의 사물을 추상화 한 것이기 때문에, 수 그 자체를 나눌 수는 없다. 따라서 '1÷3'은 어떤 사물 하나를 3등분—물론 100% 정확하지는 않지만—으로 나눈다는 의미로 받아들여야 한다.

이 문제를 좀 더 구체적으로 살펴보면 다음과 같이 분석할 수 있다. 이제 분수分數를 한번 살펴보자. '1÷3'을 분수로는 ⅓로 표기한다. 분수는 0이 아닌 정수 n을 m으로 나눈 몫을 가로선을 이용하여 나타낸 것으로서 m을 가로선 아래에, 그 위에는 n을 써서 n/m처럼 표기한 수이다. 그런데 문제는 분수를 계산한다는 데 있다. 즉, n÷m을 하는 데서 문제가 발생한다는 말이다. 예를 들면,

분수	나눗셈
$1 = \frac{1}{3} + \frac{1}{3} + \frac{1}{3}$	1 = 0.333................................∞ + 0.333................................∞ + 0.333................................∞ -------------------------- 0.999................................∞
$1 = \frac{1}{3} + \frac{2}{3}$	1 = 0.333................................∞ + 0.666................................∞ -------------------------- 0.999................................∞

위에서 보듯이, 1을 3등분하여, 사칙연산을 통해서 3개를 다시 더했을 때는 1이 되지 않는다. 따라서 우리는 이것을 '⅓ + ⅓ + ⅓ = 1이면서 동시에 1이 아니다.'라고 말할 수 있다. 다시 말해서, A는 A이면서 동시에 비非A이다. 이것은 논리적으로 '모순'[9]이다. 이렇듯 우리가 가장 확실하다고 알고 있는 수학에서조차 모

9) '모순'은 두 개의 명제가 동시에 참이 될 수 없는 것을 말한다. 따라서 A는 A이면서 동시에 비非A가 될 수는 없다. 그렇기 때문에 '모순개념'이라고 하면 A이면서 동시에 비A인 특징을 가지고 있는 개념을 말하며, 중간개념이 있을 수 없다. 하지만 '반대개념'은 서로 반대가 되는 말이 맞서서 두 개념 사이에 중간 개념이 있을 수 있다. 예를 들어, '크다'와 '작다' 사이에는 중간 개념이 있을 수 있다. 또한 '흰색'과 '검정색'은 그것 사이에 다른 색깔들이 있을 수 있기에 서로 반대개념이다.

순이 있다는 것을 밝힘으로써 비판적 사고의 전형적인 역할을 찾아 볼 수 있다.

그렇다면 이제 다음과 같은 예를 살펴보자.

연산演算		현실
7 + 5 = 12	①	귤 7개 + 귤 5개 = 귤 12개
	②	귤 7개 + 배 5개 = ?
7 - 5 = 2	③	귤 7개 - 귤 5개 = 귤 2개
	④	귤 7개 - 배 5개 = ?
5 - 7 = -2	⑤	귤 5개 - 귤 7개 = ?
	⑥	배 5개 - 귤 7개 = ?

위에서 알 수 있듯이 연산에서 문제가 될 것은 없다. 현실에서도 ①, ②, ③ 같은 경우에는 문제될 게 없다. ①에서 보듯이, 귤 7개와 귤 5개를 더하면 그 값은 귤 12개가 된다. ③의 경우에도 마찬가지로 귤 7개에서 귤 5개를 빼면 귤 2개가 남기 때문에 문제가 되지 않는다. 그런데 ②의 경우 귤 7개와 배 5개를 더하면 어떻게 될까? 이것은 그렇게 쉬운 문제가 아니다. 보통의 사람이라면 '이게 어떻게 가능해?'라든가 아니면 '이건 잘못된 문제야.' 등으로 대답할 가능성이 매우 크다. 하지만 조금만 깊이 생각해보면 논리적인 답을 내릴 수 있다. 왜냐하면 그 답은 바로 '과일 12개' 또는 '먹을 것 12개'이기 때문이다. 다시 말해서, 이런 답을 내린 사람이라면 이미 매우 논리적으로 사고하고 또한 논리적 훈련이 되어 있는 사람이기 때문이다.[10)]

10) 논리적으로 설명하면 다음과 같다. 귤과 배의 공통점은 '과일' 또는 '먹을 것'이며—물론 그 외에도 많이 찾을 수 있겠지만—귤과 사과는 이 공통점을 유개념類概念(Gattungsbegriff)으로 가지고 있는 종개념(Artbegriff)들이다. 따라서 귤과 배에 고유한 각각의 종차種差는 배제하고 귤과 배가 가지고 있는 공통적인 유적 특징만을 기준으로 보았을 때 귤과 배는 과일에 속하는 것이고, 결국 '귤 7개 + 배 5개 = 과일 12개'가 된다. 모든 개념은 유類(Gattung)와 종種(Art)으로 나눌 수 있으며, 이때 유와 종은 서로 상대적으로 분리된다. 즉, 어떤 개념에 대해 비교 상위에 있는 개념은 유개념이고 비교 하위에 있는 개념은 종개념이다. 따라서 어떤 개념일지라도 스스로 유개념일 수도 있고 종개념일 수도 있다. 종개념으로 기능할 경우 병렬적으로 있는 다른 개념이 존재하는데, 이때 종개념들이 각각 병렬 종개념으로 분리될 수 있는 것은 이 종개념들이 각각의 고유한 특징을 가지고 있어서, 상대적인 다른 종개념과 구별되는 특징, 즉 종차種差(spezifische Differenz)에 의해서 구별되기 때문이다.(그림 1을

하지만 ④ 이하의 문제를 해결하기는 쉽지 않아 보인다. 도대체 '귤 7개 - 배 5개 =?', '귤 5개 - 귤 7개 = ?', '배 5개 - 귤 7개 = ?'라는 문제를 어떻게 해결할 것인가? ⑤의 경우 5개의 귤에서 7개의 귤을 빼면 수학적 사고에서는 '마이너스 2개'(-2)의 귤이 남는다. 그런데 이것은 현실에서는 불가능하다. 현실에서는 5개의 귤을 먹거나 없애고 나면 더 이상 남는 게 없다. 그렇다면 마이너스 2개의 귤은 사실상 '머리'(사고) 속에만 존재할 수 있다는 결론이 도출된다. ④와 ⑥의 경우는 다시 더 깊이 있게 생각해보아야 한다. 위에서 언급한 논리적 사고에 덧붙여서 '창의적 사고'를 해야만 해결이 가능하기 때문이다.

'귤 7개 - 배 5개 =?'라는 문제와 '배 5개 - 귤 7개 = ?'라는 문제는 동일한 논리적 사고와 창의적 사고를 필요로 한다. '귤 7개'와 '배 5개'라는 데에만 집착해서는 문제를 해결할 수 없다. 귤과 배에 공통적인 유적 특징을 생각하는 사람이라면, 뺄셈을 하기 전에 과일 12개가 있다는 것도 생각할 수 있을 것이다. 이렇게 되면 귤이라는 과일 7개에서 배라는 과일 5개를 뺄 수도 있을 것이고, 귤과 배를 더한 값인 과일 12개에서 배 5개만을 뺄 수도 있을 것이다. 물론 이러한 사고는 수학적 사고만을 고집해서는 할 수 없는 사고이다. 문제는 수학적 사고가 잘못되었다고 하는 게 아니라, 수학적 사고와 현실이 결합되었을 때 발생하는 난점을 어떻게 해결할 것인가에 달려있다는 말이다. 이와 같은 결론을 도출 할 수 있는 사고가 바로 '비판적 사고'이며, 따라서 비판적 사고는 '창의적 사고'를 낳는 바탕이라고 할 수 있다.

참조하기 바람) 이에 대해서는 "Lutz Geldsetzer, 『논리학』, 문성화 옮김, 대구: 계명대학교출판부, 2002, pp.103-106"을 참고하기 바람.

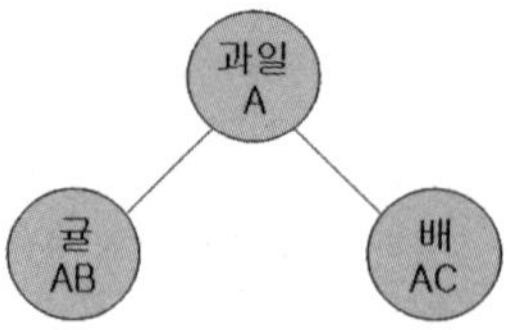

[그림 1][과일: 유개념 / 귤, 배: 종개념 / A: 유적 특징 / B, C: 종차]

Ⅲ. 비판적으로 생각하기와 현실

1. 비판적으로 생각하기와 논리적으로 생각하기

사람들은 흔히 일상생활에서는 굳이 논리적으로 생각하지 않아도 살아가는데 아무런 불편이 없다고 생각하는 경향이 있다. 물론 틀린 말은 아니다. 왜냐하면 논리학이 일상을 안내하는 길잡이도 아니고 일상이 반드시 논리적으로 움직이지도 않기 때문이다. 오히려 일상적인 사고를 우리는 '상식'이라고 부른다. 상식이란 일상생활 속에서 사람들이 특별히 심사숙고하지 않더라도 공통적으로 당연한 것이라고 생각하고 받아들이게 되는 의견이나 판단을 말한다. 그래서 많은 사람은 상식에는 논리적 비판이나 학문적 지식이 불필요하다고 생각하는 것이다. 하지만 조금만 깊이 생각해보면 우리 삶의 모든 것이 논리적이라는 사실을 알 수 있다.

"우선 가족관계만 살펴보아도 그러하다는 것을 어렵지 않게 알 수 있다.

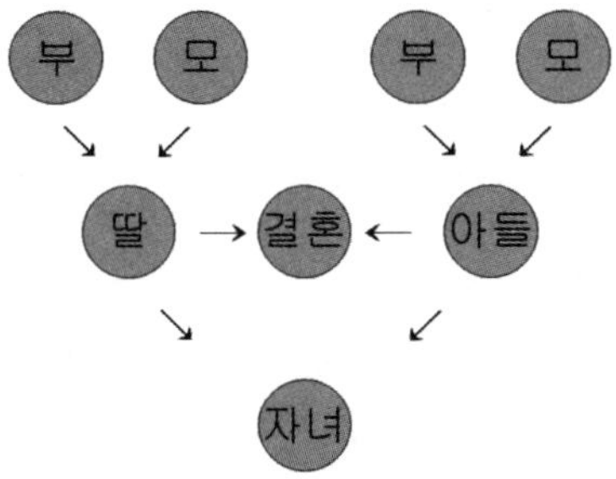

[그림 2]

위에서 보이는 표를 뒤집어 놓으면, 자녀는 다른 구성원의 모든 유전적 특징을 가지는 최하위의 개념이 된다. 이것을 알파벳을 사용해서 표기해 보면 다음과 같다.

A(외조부) B(외조모) C(조부) D(조모)
↘ ↙ ↘ ↙
ABE(모) CDF(부)
↘ ↙
ABCDEFG(나)

[그림 3]

> 이는 지극히 논리적인 과정이다. 물론 가족을 형성하는 것이 논리적인 과정을 따져서 형성한다거나 논리학을 배웠기 때문에 더 잘 형성할 수 있다고 말하는 것은 아니다. 하지만 친족관계에서 호칭에 대한 것은 가계가 철저하게 논리적으로 형성된다는 점을 보여주는 매우 좋은 사례이다."[11]

그밖에도 일상생활 속에는 무의식적이지만 논리적으로 행해지는 일들이 매우 많다. 우리는 부엌에 있어야 할 것을 화장실에 두지 않으며, 화장실에 있어야 할 물건을 안방에 두지도 않는다. 그런가 하면 옷장에 옷을 정리할 때에도 겨울옷과 여름옷을 분류해서 정리할 것이다. 한 마디로 말해서, 모든 물건을 있어야 할 곳에 배열하고 배치한다는 말이며, 이것은 곧 사람들이 논리적으로 일을 한다는 뜻이다. 그렇기 때문에 사람들은 일상에서 항상 논리적으로 사고하고 행한다고 해도 절대 과언이 아니다. 따라서 집안에 물건들이 온통 어지럽게 널려 있을 때 사람들이 정리정돈을 하는 행위는 눈앞에 펼쳐진 현상에 대해 비판적이고 논리적으로 사고를 했기 때문에 나타나는 결과적 행위라고 할 수 있다.

또한 정부기관을 비롯한 모든 조직의 구성을 보면, 그 조직의 수장首長을 정점으로 해서 아래로 그 외연이 넓어지는 현상을 보인다. 2008년 2월 27일 국무회의에서 발표된 정부조직법에 의거해서 보면, 우리나라 정부조직은 대통령과 국무총리를 비롯해서 2원 15부 2처 18청 3실 5위원회로 구성되어 있다. 이 가운데 교육과학기술부를 예로 들어 보면, 장관을 수장으로 해서 4실, 4국, 13관, 2단이 있으며, 이 산하에 68과(담당관), 3팀, 1단(20팀)으로 구성되어, 총인원은 788명이다. 이런 조직의 구조를 쉽게 이해하기 위해서는 수장을 정점으로 하여 아래로 외연이 넓어지는 피라미드식 구조를 그려보거나 상상해보면 된다. 이는 지극히 논리적인 구조이다. 즉 여러 개념이 상호 관계를 가지고 있을 때, 개념 상호간의 논리

11) 문성화, 「논술과 논리교육」, 『철학과 논술』 제1호, 계명대학교 논리윤리교육센터, 2007, p.224.

적 구조를 살펴보면 각각의 개념은 상대적으로 유개념과 종개념의 관계 또는 종개념과 종개념의 병렬적인 관계 등으로 구성된다는 말이다.[12)]

초·중·고등학교를 비롯해서 대학교에서 교사와 교수들이 칠판에 판서를 할 때 각 장章이나 절節 그리고 세부 내용에 이르기까지 번호를 붙여서 분류를 하는 것도 논리적인 작업을 하는 것이며, 어떤 책의 목차를 보면 책의 제목을 필두로 해서 장, 절, 세부 항목의 순서로 분류하는 번호가 붙어 있는 것도 논리적인 구조를 말해주는 것이다. 만일 이렇게 논리적 분류를 해놓지 않으면 학생들이나 독자들은 혼란스러워 할 것이기 때문에, 결국 그에 대해서 비판, 즉 논리적 비판을 하지 않을 수 없게 될 것이며, 따라서 비판적 사고란 혼란스럽고 논리적으로 잘못된 것을 바로잡기 위함이라고 할 수 있다. 이러한 까닭으로 우리는 비판적으로 사고하기 위해서는 논리적으로 사고하지 않으면 안 된다는 것과 합리적인 사고를 해야만 올바른 비판이 가능하다고 주장하게 되는 것이다.

2. 비판적으로 생각하기와 합리적으로 생각하기

인간의 삶에서 비판적 사고가 필요한 까닭은 긍정적이고 합리적인 결론을 도출하기 위함이라고 앞에서 언급한바 있다. 그러기 위해서 또한 필요한 것이 합리적 사고이다. '합리적'이라는 용어는 '이치와 도리, 논리에 합당함'의 뜻을 가지고 있다. 말하자면 이치와 도리에 맞지 않고 논리적 오류를 범하고 있는 사고 또는 사고의 과정이나 결과를 바로잡는 것도 비판적 사고를 함으로써 가능하다는 말이다. 논리적 오류를 범하지 않는다는 것을 설명하기는 그다지 어렵지가 않다. 수많은 논리학 교재를 비롯해서 일상에서도 '오류론'에 대해서 언급하고 설명하는

12) 이 관계를 다음과 같이 쉽게 설명할 수 있다.: "각각의 개념에는 의미(Bedeutung)가 주어진다. 의미란 하나의 개념이 표시하는 그 무엇이다. 그와 동시에 의미는 스스로 통일적인 형성물로 (예를 들면, 하나의 특정한 대상) 간주된다. 하나의 개념이 이러한 의미와 관계한다는 것은 논리적으로 개념의 내포內包(Intension) 또는 개념의 내용을 말한다. 각각의 개념에는 또한 범위, 즉 외연外延(Extension)이 주어진다. 한 개념의 범위는 자신의 '하위의 종들'(Arten und Unterarten) 내지는 적용 가능한 개체에서 성립하며 바로 이러한 점에 의해 서술된다. 한 개념의 내용과 범위 사이에는 상호관계가 존재한다. 범위가 넓어질수록 내용은 줄어들며, 내용이 풍부할수록 범위는 좁아진다." Lutz Geldsetzer, 『논리학』, 문성화 옮김, 대구: 계명대학교출판부, 2002, p.104.

책이 많이 있기 때문이다. 하지만 '이치와 도리에 맞게'라는 말은 설명하기가 그리 간단하지 않다.

이치理致와 도리道理라는 말은 주로 '자연의 질서와 인간 삶의 질서에 맞게'라는 뜻으로 사용된다. 즉, 인간은 사물의 이치와 인간의 도리에 맞게 생각하고 행동해야 한다는 뜻을 담고 있다는 말이다. 사물의 이치를 궁구窮究해본다는 것도 매우 철학적인 깊이를 요하는 주제이지만, 인간의 도리가 무엇이냐 하는 것도 시대와 장소에 따라 얼마든지 다를 수 있기 때문이다. 따라서 합리적 사고란 절대불변의 어떤 원칙을 제시하는 사고라기보다는 "감정이 아니라 이성에 근거하여, 도덕적으로 올바른 근거와 전제에서 출발하여 적절한 추론과정을 거친 후에 결론을 도출"[13]하는 사고라고 할 수 있다. 이를 위해 다음과 같은 예를 들어보자.

2012년 최저임금이 시간당 4,580원으로 결정되었는데, 이는 2011년 최저임금 4,320원보다 6%(260원) 인상된 액수다. 이를 우리는 합리적 사고의 결과라고 할 수 있을까? 260원이라는 인상액이 아니라 6%라는 인상률만 보면 현재의 임금상승률이나 물가상승률에 비해서 결코 낮다고 볼 수 없을 것이다. 만일 최저임금을 받는 사람이 주 5일 4주 동안, 즉 20일간 일한다고 가정하면 올해 691,200원에서 내년에는 732,800원으로 41,600원이 인상되는 셈이다. 그런데 올해 한 달에 200만 원을 수령하는 근로자의 임금이 6% 인상된 월급을 내년에 수령한다고 하면 12만 원이 인상된 212만 원을 받게 되며, 월 1천만 원을 받는 사람이라고 가정하면 내년에는 월 60만 원, 월 2천만 원을 받는 사람이라면 120만 원이 인상된다. 따라서 6%라는 인상률에 근거해서만 임금상승률을 따진다는 것은 결코 합리적 사고에 의한 결정이라고 볼 수가 없는 노릇이다. 더구나 통계청 자료에 따르면 2011년 1인 가구 최저생계비는 532,000원이고, 2인 가구는 906,000원, 4인 가구는 1,439,000원이다.[14] 이에 근거해서 보더라도 시간당 최저임금을 산정할 때 이성에 근거하여 올바른 근거와 전제에서 출발했는지 어떤지를 충분히 생각해 볼 수 있을 것이다. 그 까닭은 통계청의 '최저생계비'에 대한 용어해설을 보면 더욱 극명하게 드러난다.

13) 문성화, 「논술과 논리교육」, p.223.

14) http://www.index.go.kr/egams/stts/jsp/potal/stts/PO_STTS_IdxMain.jsp?idx_cd=2762(2012년 7월 15일 검색)

"최저생계비: 국민이 건강하고 문화적인 생활을 유지하기 위하여 소요되는 최소한의 비용으로 보건복지부장관이 일반국민의 소득지출수준과 수급권자의 생활실태, 물가수준 등을 고려하여 매년 9월1일까지 '중앙생활보장위원회'의 심의 의결을 거쳐 결정 공표하며, 이는 다음해 기초생활보장수급자 등 각종 복지수급자 선정 및 급여 기준으로 활용됨"[15)]

이어서 고용노동부 산하 15개 위원회 가운데 최저임금을 결정하는 '최저임금위원회' 홈페이지에 있는 '최저임금제도의 목적'을 보면 다음과 같다.

"최저임금제는 근로자에 대하여 임금의 최저수준을 보장하여 근로자의 생활안정과 노동력의 질적 향상을 꾀함으로써 국민경제의 건전한 발전에 이바지하게 함을 목적으로 함(최저임금법 제1조). 최저임금제의 실시로 최저임금액 미만의 임금을 받고 있는 근로자의 임금이 최저임금액 이상 수준으로 인상되면서 다음과 같은 효과를 가져옴.

① 저임금 해소로 임금격차가 완화되고 소득분배 개선에 기여.

② 근로자에게 일정한 수준 이상의 생계를 보장해 줌으로써 근로자의 생활을 안정시키고 근로자의 사기를 올려 주어 노동생산성이 향상.

③ 저임금을 바탕으로 한 경쟁방식을 지양하고 적정한 임금을 지급토록 하여 공정한 경쟁을 촉진하고 경영합리화를 기함."[16)]

이상에서 살펴본 것처럼, 최저생계비와 최저임금 사이에는 어떤 상관관계가 있으며, 어떤 결정을 내려야 합리적이라고 할 수 있을까? 가장 합리적인 최저임금은 적어도 최저생계비의 수준과 동일하거나 그 이상이어야 되어야 하지 않을까? 최저생계비와 최저임금을 법령으로 정하는 분명한 이유는 인간으로서 가장 기본적인 생계를 꾸려갈 수 있는 최소한의 비용을 보장해야 된다는 데에 있다. 그런데 근로자가 가계를 책임지고 있는 가장家長—이 가장의 의미에는 남녀의 구

15) http://www.index.go.kr/egams/stts/jsp/potal/stts/PO_STTS_IdxMain.jsp?idx_cd=2760(2012년 7월 15일 검색)

16) http://www.minimumwage.go.kr/guide/guide01.jsp?onMenu=guide01(2012년 7월 15일 검색)

별이 없다.—이고 보통의 4인 가구를 기준으로 보았을 때 내년도 최저임금은 최저생계비에도 미치지 못하기 때문에, 이는 결코 합리적인 결정이라고 할 수 없는 것이다.

이처럼 합리적 사고는 올바른 결론을 도출하기 위해서 행하는 비판적 사고와 같다. 결론을 이끌어 낸 전제와 과정에 오류가 있는지 어떤지를 비판적으로 검토해보는 비판적 사고는 결국 합리적 사고라는 말이다. 전제와 과정에 오류가 있으면 사물의 이치와 사람의 도리에 맞을 수가 없고, 결론도 잘못된 방향으로 나아갈 수밖에 없다. 이것은 마치 1°의 각을 끼고 있는 두 직선이 나아가면 갈수록, 비록 각도는 여전히 1°일지라도 두 직선 사이의 간격이 점점 더 벌어지는 것과 같은 이치이다.

3. 비판적으로 생각하기와 분석적 · 종합적으로 생각하기

분석적으로 생각하기와 종합적으로 생각하기도 넓은 의미에서 비판적 사고라고 할 수 있다. '분석'이란 말 그대로 그 자체를 낱낱이 파헤친다는 의미이다. 그렇기에 사고의 전제와 과정 그리고 결론을 모두 철저하게 비판적으로 분석하는 데에서 올바른 해결책을 찾을 수가 있게 된다.

'새만금 간척사업'[17)]을 예로 들어보자. 이 사업은 버려진 땅이나 황무지를 개발하는 사업이 아니다. 새만금 간척사업은 군산과 부안을 연결하는 33km의 방조제를 설치하여 28,300ha의 토지와 11,800ha의 담수호를 만드는 사업으로서 1991년에 시작하여 아직도 진행 중에 있다. 먼저 '새만금'을 분석해보자. 만경강과 동진강이 흘러드는 새만금 갯벌은 하루 10만 톤의 하수를 정화 처리하는, 전라북도 전주에 있는 하수종말처리장 40개와 맞먹는 하수 정화 능력을 가졌다고 한다. 그만큼 새만금 갯벌은 환경정화에 있어서 엄청난 기여를 하고 있는 자연물이다.

'간척사업'이란 간석지(바닷물이 드나드는 갯벌) · 호소(호수와 늪) · 하천 등지를 방조제로 막고 물을 뺀 뒤 그곳을 농경지나 주택지 및 공장부지 등으로 이용하는 사업이다. 그렇기 때문에 간척사업이 완료되고 나면 많은 긍정적 변화를 가

17) http://www.saemankum.go.kr/html/project_content.html(2012년 7월 15일 검색)

져오기도 한다. 예를 들면, 국토가 확장되어 농사를 짓거나 공장 등을 지어 도시를 형성할 수 있으며, 관광지로 개발 할 수도 있다. 하지만 그에 못지않게 생태계가 파괴되고, 기존에 생활터전을 잡고 있던 사람들은 그곳을 떠나야 하며, 갯벌이 간척지로 변하는 경우에는 심각한 환경재앙을 낳기도 하는 등 부정적 변화를 많이 야기하기도 한다.

이제 이렇게 분석한 결과를 '종합'해야만 분석적 사고를 올바르게 한 것이라고 할 수 있다. 먼저, 새만금 간척사업은 이미 존재하던 갯벌을 '파괴'하는 작업이 선행되거나 아니면 적어도 동시에 진행되는 일임에 틀림없다. 하수종말처리장 40개와 맞먹는 자연정화능력을 지닌 갯벌이 파괴되고 농경지를 비롯해 여타 다른 시설이 들어선다는 것은 환경오염이 몇 배로 더 늘어난다는 것을 의미한다. 다음으로, 간척지를 메우기 위해서는 육지에 있는 자연을 훼손하여 흙을 가져가지 않고는 불가능하기 때문에, 육지의 자연환경도 그만큼 파괴되는 결과를 가져온다. 그리고 이를 정화하기 위해서 미래에 지불해야 할 금전적 손실도 엄청날 수밖에 없다. 마지막으로, '개발'이라는 명목으로 행해지는 모든 일은 이전에 존재하던 것에 대한 파괴를 전제하지 않고는 불가능하다는 사실을, 우리는 조금만 생각해보면 바로 알 수가 있다. 그렇다면 개발이 과연 창조인지 아니면 파괴인지 의심스럽지 않을 수 없다. 이렇게 보면 우리는 비판적 사고를 분석적 사고와 종합적 사고라고 할 수 있다.

지금까지 우리는 항상 예로 든 것에 대해서 대안이나 해결책을 제시하는 것으로 각각의 사고에 대해 설명했는데, 그 이유는 만일 대안이나 해결책이 없이 비판에만 머물러 버린다면 그것은 곧바로 '비난'으로 흘러버릴 것이기 때문이다. 올바른 비판적 사고를 하기 위해서는 반드시 대안이 해결책이 제시되어야 한다. 그렇기 때문에 분석적 사고의 경우에는 종합적 사고가 결론을 도출함에 있어서 함께 작용해야만 가능하다. 말하자면 분석에만 머물러서는 안 되고 반드시 다시 새로운 종합이 있어야 한다는 말이다.

이를 위해서는 '인터넷 실명제'를 둘러싼 언론사들의 사설 제목을 예로 들어보겠다. 아시아경제신문의 사설 제목은 "'사회적 책임'과 '표현의 자유' 사이"이며, 한겨레신문은 "표현의 자유 제약하는 인터넷 재갈 물리기"이고, 동아일보는 "포털 淨化-개인정보 보호 더 엄격히 해야"이다. 이들 사설들은 모두 같은 날인 2009년

7월 23일에 실렸다. 인터넷 실명제 문제는 인터넷이 보편화된 이후로 계속해서 논란되고 있는 사안이다. 특히 우리 사회에서 국론분열이 심하게 일어날 때는 더욱 찬반 논란이 뜨거워지곤 한다. 이 문제에 대한 정치권의 움직임과는 별개로, 언론 보도를 보면 관점이 확연하게 구별되기 때문에, 언론의 영향을 많이 받는 국민들로서는 판단을 내리기가 무척 어려울 것이다. 또한 각각의 언론사가 제목으로 내건 것도 자신들의 관점에서 '인터넷 실명제'를 분석한 것으로써 인터넷 실명제의 장·단점을 생각하면 나름대로의 분석이 잘못되었다고 할 수도 없다. 다만 문제는 반대의 관점에서 생각하면 자신들이 지지하는 의견도 잘못된 판단이 될 수 있다는 사실을 애써 부인하고 있다는 데에 있다.

이러한 까닭으로, 언론을 통해서 공정한 판단을 내리고자 하고 문제의 본질을 올바르게 분석하는 사람들이라면 일체의 선입견과 편견을 배제하기 위하여, 위에서 보는 바처럼, 양 극단으로 치우친 사설뿐만 아니라 중립적인 사설도 함께 읽어봄으로써 종합적으로 평가할 수 있을 것이다. 위의 예에서 한겨레신문 사설은 인터넷 실명제의 강행을 "표현의 자유 제약하는 인터넷 재갈 물리기"라고 평가하여 실명제의 부정적 측면을 부각시키고 있으며, 동아일보는 "포털 淨化-개인정보 보호 더 엄격히 해야"라는 제목의 사설을 통해서 인터넷 실명제를 사회정화 차원과 개인정보 보호에까지 확대시키고 있다. 이에 반해 아시아경제신문은 중립적인 입장에서 "'사회적 책임'과 '표현의 자유' 사이"라는 제목의 사설에서 인터넷 실명제의 장점과 단점을 모두 짚고 있다. 이와 같은 문제에 대해 판단을 내릴 때, 국민들은 특정 언론이 자신들 언론의 이기주의적 욕심으로 인해 여론을 호도하고자 하는 점은 없는지 까지도 고려하여 종합적으로 판단해야 할 것이다. 따라서 이러한 역할을 하는 비판적 사고는 분석적 사고를 통한 종합적 사고라고 할 수 있다.

4. 비판적으로 생각하기와 긍정적으로 생각하기

지구는 공전公轉과 자전自轉을 한다. 즉 지구는 언제나 움직이고 있다. 그런데도 우리는 일상적으로 우리 눈에 보이는 사물이나 사람이 움직이지 않으면 '정지해 있다'고 말한다. 지구는 항상 움직이고 있는데 그 안에서는 움직이지 않는다니! 이것은 무슨 말인가? 해가 뜨고 지는가, 아니면 지구가 스스로 움직이는가? 우리의 일상에서는 이렇게 과학적으로 밝혀진 진리에 대해서도 습관적으로 별 다른 의식 없이 반대로 사고하고 말하는 것도 많이 있다. 과학시간에 지구는 공전을 한다고 가르치면서도 '오늘 해가 떴는가?'라고 묻는 것처럼, 이러한 사정은 교육의 현장에서도 별반 다르지 않다.

코페르니쿠스와 갈릴레이 그리고 케플러의 연구 노력 끝에 증명된 지동설地動說은 인류에게 지구가 태양의 둘레를 공전하고 스스로도 자전을 한다는 사실을 가르쳐주었다. 천동설天動說이 진리로 여겨지던 시대에는 사람들이 '해가 뜨고 진다'는 표현을 사용했고, 이는 과학적 사실과 일상적 표현이 정확하게 일치하는 '진리대응설'[18]에 해당된다. 하지만 천동설이 폐기되고 지동설이 진리임이 밝혀진 이후로는 '해가 뜨고 진다'는 표현은 거짓이며 잘못된 표현이다. 그런데도 우리는 일상 속에서 계속 이 표현을 사용하고 있다. 이 표현은 영어(The sun rises in the east and sets in the west.)에서나 독일어(Die Sonne geht im Osten auf und im Westen unter.)에서나 마찬가지이다. 자연과학적 지식은 객관적으로 증명된 사실을 진리로 인정하기 때문에, 사람들은 그것이 반증되지 않는 한 특별한 이의를 제기하지 않는다. 그런데도 사람들이 일상에서 자연과학적 지식과 상반되는 표현을 계속해서 사용하고 있는 것을 우리는 어떻게 설명할 수 있겠는가?

이처럼 비판적 사고에 근거해서 보면 우리의 일상에는 바로잡아야 할 표현이 많이 있다. 하지만 위의 예를 통해 알 수 있듯이, 우리는 일상의 표현이나 생각을 자연과학적 진리에 맞게 전환하라고 요구하지 않는다. 물론 비판적 사고의 기능을 부정적인 측면에만 국한 시켜본다면 이는 용납될 수 없는 일이다. 그보다는 비판적 사고의 긍정적 기능에 초점을 맞추어야 한다. 또 다른 예를 들어보자.

'출입금지'라는 말은 어떤 경우에 쓰이는가? 우리는 일상에서 '출입금지' 또는 '관계자 외 출입금지'라고 적인 푯말을 자주 보게 된다. 그런데 문제는 출입금지라는 푯말을 세우는 사람은 버젓이 해당 장소에 출입을 하고 있다는 점이다. 물론 그는 소위 관계자일 수가 있다. 그렇다면 관계자는 출입할 수 있는데 다른 사

18) 진리대응설(correspondence theory)은 한 문장의 참 · 거짓은 실제 사실과 대응하는지 여부에 의해서 결정된다는 이론이다. 예를 들어, '서울은 대한민국의 수도이다.'는 문장이나 '지구는 태양의 주위를 돈다.'는 문장과 같은 일상적인 문장들의 참 · 거짓은 실제로 그러한지 어떤지에 따라서 결정된다.

람들은 출입을 할 수 없다니? 이 무슨 말인가? 다시 말해서 '출입금지'라는 말은 출입이 무조건 모든 사람에게 금지되는 것이 아니라 특정한 사람에게는 출입이 허가되지 않는다는 말이고, 출입금지라는 푯말은 선택적으로 출입이 허용된다는 말이 아닌가? 애초부터 100% 출입이 불가능한 곳, 즉 어떤 장벽이 가로막혀 있어서 아무도 뛰어넘을 수 없는 곳이라면 굳이 '출입금지'라는 푯말도 필요 없을 것이다. 말하자면 어떤 식으로든지 출입이 가능한 곳이기 때문에 출입금지라는 푯말이 필요했다는 말이다. 그렇기 때문에 출입금지라는 푯말이 있는 곳은 출입이 가능한 곳이 된다. 이렇게 보면 비판적 사고는 긍정을 위한 부정적 사고 또는 부정 속에 내포된 '긍정적 사고'라고 할 수 있을 것이다.

어떤 사실이나 사태에 대해 비판적으로 사고한 결과, 그래서 그 사실이나 사태를 부정했을 때 얼마든지 긍정적 결과를 가져올 수가 있다. (물론 더 부정적인 결과를 낳을 수도 있다.) 예를 들어, 중간고사에서 60점을 받은 학생이 비판적으로 사고한 결과 60점을 도저히 인정할 수 없어서, 60점을 낳은 과정을 부정적으로 비판하고 분발하여 기말고사에서는 80점을 받았다면, 이때의 비판적 사고는 긍정적 사고가 아닐 수 없다. 이런 예에서 알 수 있듯이, 비판적 사고는 부정적 사고를 넘어서 긍정적 사고를 하게 하는 능동적인 기능을 수행한다.

5. 비판적으로 생각하기와 근원적으로 생각하기

마지막으로 근원적 사고로서 비판적 사고에 대해 알아보고자 한다. 비판적 사고에는 근원적 사고의 기능이 있다. 비판적으로 사고할 줄 아는 사람은 사물과 자기 자신의 근원에 대해서도 사고를 하는 사람이다. 인간은 태어나서 말을 배우기 시작하면서부터 근원적 사고를 말로 표현한다. 물론 근원적 사고는 말로 표현하기 이전부터 하겠지만, 그것을 표현하려면 말이나 글을 배워야만 가능하다. 아이가 '왜?'라는 질문을 한다는 것은 실제로 근원적으로 사고하는 것이라고 보아도 무방할 것이다. 근원적 사고란 반드시 학문적이고 체계성을 가져야만 가능한 게 아니기 때문이다.

이를 위해 이제 '무無란 무엇인가?' 또는 '무엇이 무인가?'라는 질문을 던져보

자. 일상에서 사람들은 이런 질문을 받으면, 무란 '없는 것', '아무 것도 없음', '유有의 반대' 등으로 대답을 하는 경향이 있다. 그렇다. 무는 아무 것도 없는 것이다. 하지만 여기서 근원적으로 생각해보면 문제는 어려워진다. '없는 것', '아무 것도 없음', '유有의 반대' 등의 대답은 무를 그렇게 한정한 것, 즉 무를 무 아닌 다른 것과 구별하고 경계지운 것이다. 무가 이처럼 한계지어지고 무엇과 구별된다면, 무를 곧 무엇(something)이라고 정의하고 규정하는 게 된다. 그렇다면 이미 이는 무를 정의하는 '무엇'이라는 게 '있는 것'으로 되어버린다.

'있다가 없어지는 것'은 무가 아니다. 있음有(being)이 없어지는 경우에는 비유非有(not being)가 되는 것이지 무無가 아니다. 그리고 상황에 따라 다르겠지만, 무에 해당하는 영어 'nothing'을 포함하는 표현 'I want nothing.'과 'I do not want anything.'은 같은 의미이다. 이와 같은 것들은 모두가 무를 어떤 식으로든지 정의(definition) 내리는 것이며, 정의한다는 것은 규정한다는 것이고, 규정된 것은 이미 '무엇'(또는 어떤 것, 즉 something)으로 되어버린다. 따라서 '어떤 것' 또는 '무엇'으로 규정되고 정의된 것은 바로 이 때문에 '유'(있음)가 되어버린다.

하지만 무는 내용상으로 애초부터 없던 것이다. 그렇기 때문에 우리는 무가 무엇인지 전혀 알지 못한다. 전혀 알지 못하는 것에 대해서 우리는 아무 것도 진술할 수가 없다. 그런데도 만일 무에 대해 무엇이라고 진술을 한다면, 진술된 내용은 무를 규정하는 것이 되어버린다. 따라서 사람들은 '무란 무엇인가?'라는 물음에 참인 답을 하기 위해서는 침묵해야 한다. 모든 답이 언어적으로 표현되어야 하는 것은 아니며, 만일 침묵을 답으로 받아들이지 못하는 사람이라면, 그는 자신이 묻는 물음을 이해하지 못하는 사람이다. 이렇게 보면 비판적 사고는 사람들로 하여금 근원적 사고를 하도록 이끄는 역할을 한다.

그렇다면 자기 자신에 대한 근원적인 사고는 어떠한가? 우리는 일상에서 자신을 소개해야 할 때가 많이 있다. 그럴 때 사람들은 흔히 자신의 이름과 현재 소속, 취미, 특기, 사는 곳, 장래 희망 등을 말하면서, 이 모든 것들의 합이 바로 자기 자신이라고 생각한다. 정말 그럴까? 하지만 이 가운데에는 앞으로 얼마든지 바뀌어 질 가능성이 있는 것도 있고, 이름처럼 변하지 않을 것도 있다. 그렇다면 이름은 평생 변할 가능성이 없을까? 물론 법원에 이름 정정 신청을 하여 통과되면 이름도 변하는 것이다. 그러나 여기서 비판적으로 사고해 보려고 하는 것은 이름 정정을 두고 하는 말이 아니다. 문제는 한 사람의 이름일지라도 그 이름을 부르는 사람마다 모두가 각각 다른 의미로 부를 것이기 때문에, 한 사람의 이름도 고정 불변하는 것은 아니라는 데에 있다. 예를 들어 ○○○씨가 결혼한 남자라면, 그의 부모는 이름을 통해 아들을 생각할 것이고, 아내는 남편을 생각할 것이며, 친구는 친구를 생각할 것이고, 후배는 선배를 생각할 것이며, 직장에서는 동료를 생각할 것이다. 그렇다면 ○○○씨는 본인의 이름을 때와 장소에 따라 각각 다르게 사용하는 셈이며, 이렇게 보면 본인의 이름도 그때그때마다 각각 다른 의미를 갖게 된다. 따라서 이름으로써 자신의 참된 모습, 즉 자신의 본질을 나타낼 수는 없다는 결론이 도출된다. 그렇다면 '나는 도대체 누구란 말인가?'

더구나 일상에서는 자기 자신보다 타인들이 자신의 이름을 훨씬 더 많이 사용할 것이다. 집에서부터 학교나 직장에 이르기까지 자신을 알고 있는 수많은 사람들은 여기저기서 자신의 이름을 불러댄다. 전화나 인터넷을 통해서도 '○○○씨냐?'고 묻는다. 자신은 기껏해야 '맞습니다' 또는 '제가 ○○○입니다' 정도의 대답을 할뿐이다. 말하자면 사람들은 평소에 자기 이름의 주인이 자신이라고 생각했을 테지만, 정작 자기 이름을 자신보다 타인들이 훨씬 더 많이 사용하고 있는 것이다. 그렇다면 자기 이름의 주인은 자신이 아니라 타인들이 주인이 되어 버린다. 주객이 전도된 상태에서 어떻게 '나는 누구인가?'에 대한 답을 할 수 있겠는가? 이와 같은 사고는 '나는 ○○○이다.'라는 일상적인 생각을 뒤집어 버린다. 일상적으로 생각했던 자신의 모습은 모두가 외부에서 자신에게 덧씌워진 껍데기에 불과하다. 껍데기는 본질이 아니다. 양파껍질을 벗기듯 덧씌워진 껍질을 하나씩 벗겨내면 최종적으로 남는 것이 바로 자신의 본질이다.

그런데 양파에는 최종적인 알맹이가 없다. 모든 것은 껍질일 뿐이다. 알맹이가 없는데 어떻게 우리는 자신의 본질에 대해 말할 수 있겠는가? 그렇다. 개개인의 본질은 원래 '~으로서' 존재했던 것이 아니다. 또한 인간이 자신의 본질을 선천적으로 가지고 태어나는 것도 아니다. 오히려 인간은 자신의 본질을 살아가면서 스스로 만들어 가는 존재이며, 따라서 인간의 본질은 개개인의 삶에 의해서 형성되는 것이다. 그러기 위해서 반드시 필요한 것이 바로 '자기반성'이며, 인간은 반성할 때마다 낡고 버려야 할 껍질을 벗고 알맹이에 해당하는 자신의 본질을 만들어 간다.

인간은 누구나 일상에서 자기중심적이다. 자기 자신과 자신이 서있는 곳이 세상의 중심이다. 자신이 없어진다면, 그것은 세상이 없어지는 것과 동일한 의미를 갖는다. 그렇기 때문에 인간은 누구나 자기 자신을 '나'라고 부르며, 타인을 '너', '그들' 등으로 부른다. 모두가 '나'라면 이 세상에는 '너'는 없고 '나'만 존재하게 된다. 그런데 '나'를 '나'라고 부르기 위해서는 반드시 상대되는 타인, 즉 '너'가 존재해야만 된다. 따라서 '내가 나를 진정으로 나라고 부르기 위해서는 나 아닌 너를 인정하지 않으면 안 된다.' 이렇게 내가 너를 인정하게 될 때 사회가 형성되고, 나아가서 국가와 세계로 확대되어 간다. 이처럼 비판적 사고는 근원적 사고를 가능하게 한다.

| 연습문제 |

연습 1)

- '자연보호', '노약자보호'는 무슨 말인가?
- '청송보호감호소'와 '인디언보호구역'은 무엇을 하는 곳인가?
- '자연보호'와 '청송보호감호소'는 무엇이 같고 어떤 점이 다른가?
- 무엇을 보호하고, 누구를 진정으로 보호한다는 말인가?

▸ 보호: 보살펴 돌봄, 보살펴서 온전하게 있도록 함.

▸ 청송보호감호소: 청송보호감호소는 2005년 8월 15일 청송 제3교도소로 개칭되었다.

연습 2)

- 청년실업률은 해소되어야 한다.
- 기업 경영주가 아니면서 청년인 나는 취업을 원한다.
- 기업 경영주이면서 청년인 나는 실업자인 청년을 고용하기 보다는 기계를 도입하기를 원한다.
- 그러면 청년실업률은 어떻게 해야 해소될 수 있는가?

연습 3)

- 담배를 피우는 의사가 환자에게 금연할 것을 권하자 환자가 말했다. '의사인 당신은 담배를 피우면서 어찌 나에게 금연하라고 하시는가요?' (이러한 예는 논리학에서 피장파장의 오류로 설명하고 있다.)
- 그렇다면 합리적으로 생각했을 때 우리는 위의 권유를 어떻게 해석해야 하는가?

연습 4)

사형제도에 대해서 찬성하는가 반대하는가?

개인, 사회	←	흉악범	←	사형수	←	사형제도	←	사형제도 존폐
(원인)	←	(원인 = 결과)	←	(원인 = 결과)	←	(원인 = 결과)	←	(결과)

▸ 모든 결과는 반드시 원인을 가지고 있다. 원인이 없다면 결과는 존재하지 않을 것이기 때문에, 원인을 제거하는 것이 근본적인 해결책이다.

▸ 사형제도 존폐문제의 궁극적인 원인은 개인과 사회에 있다.

연습 5)

- 해가 뜨고 지는가, 아니면 지구가 스스로 움직이는가?
- 지구는 공전公轉과 자전自轉을 한다. 즉 지구는 언제나 움직이고 있다. 그런데도 우리는 일상적으로 우리 눈에 보이는 사물이나 사람이 움직이지 않으면 '정지해 있다'고 말한다. 지구는 항상 움직이고 있는데 그 안에서는 움직이지 않는다니! 이것은 무슨 말인가?

연습 6)

- 보건복지부가 국민 건강을 위해서, 즉 흡연자의 금연을 위해서 담배 값을 인상해야 한다고 하는 것에 대해서 종합적으로 생각해보자.
- KT&G(구 한국담배인삼공사)의 주력 사업은 담배 사업과 건강기능식품 사업이다.
- 2500원 짜리 담배에 붙는 세금은 1542원이다.
- 정부가 진정으로 국민의 건강을 위한다면, KT&G의 주력 사업 가운데 하나인 담배 사업에 대한 승인을 취소해야 하지 않는가? 그리고 담배수입을 전면 금지해야 하지 않는가?

연습 7)

- 일반적으로 생태계는 피라미드형을 이루고 있다고 한다. 인간이 여기서 가장 귀한 존재라고 할 수 있을까? 만일 그렇다면 그 까닭은 무엇인가?

▸ 먹이연쇄의 예: 생산자 → 1차 소비자 → 2차 소비자 → 3차 소비자 ……→

연습 8)

- 미용을 위한 성형수술에 찬성하는가 반대하는가?
- 많은 경우 사람들은 하루에도 수 십 번씩 거울을 통해 자신의 얼굴을 본다. 하지만 거울에서 얼굴을 돌리는 순간 사람들은 자신의 얼굴을 더 이상 보지 못한다.
- 자기의 얼굴이라고 하지만 다른 사람들이 자기의 얼굴을 훨씬 더 많이 본다.
- 미용 성형수술을 한다면 진정으로 자신을 위해서인가, 아니면 타인의 시각적 즐거움을 위해서인가? 만일 타인을 의식해서 하는 수술이라면, 그 얼굴의 주인은 자기 자신이 아니라 타인이 아닌가?

연습 9)

- 우리는 진정으로 대상을 안다고 할 수 있는가?
- 우리가 사물을 볼 때 눈에 보이는 사물과 더불어 '보는 나'도 나타나지만, 보지 않을 때는 보는 내가 지각행위에서 사라진다. 그렇다면 우리는 보는 내가 있다고 할 수 있는가?
- 나의 상태에 따라서 동일한 대상도 달리 보일 때가 있다. 그렇다면 보는 내가 존재한다고 하더라도, 보는 나에게서 참된 나를 찾을 수 없는 것이 된다. 참된 나를 찾을 수 없다면, 우리는 대상을 안다고 할 수 없지 않는가?

연습 10)

- 나는 누구인가?

2 둘

쓰기

독후감상문 쓰기

Ⅰ. 독후감상문의 정의와 작성법

1. 독후감상문의 정의

감상문은 일상생활 속에서 체험하고 느낀 점을 적거나, 책을 읽고 얻게 된 온갖 다양한 정보들에 대한 자신의 느낌과 생각을 표현한 글이다. 일기나 편지글, 기행문, 수필처럼 내밀한 개인의 감정들을 드러낸 글과 영화, 미술, 공연, 토론 등을 관람하고 쓴 감상문, 그리고 책을 읽고 쓴 독후감 등이 여기에 속한다.

독후감상문은 일반 감상문과 마찬가지로 글쓴이의 감상과 체험을 바탕으로 쓰는 글이긴 하지만 독서를 전제로 한다는 점에서 다른 감상문들과 구분된다. 독후감은 책 내용과 저자에 대한 비평적 성격을 어느 정도 띠기도 한다. 그러나 비평문이 예술작품이나 전문서적에 대한 분석과 더불어 문화사적인 가치 평가를 필요로 한다는 점에서 면밀한 자료 분석과 객관적 서술이 요구된다면, 그에 비해 독후감은 개인의 감상과 주관적인 판단이 주가 된다는 점에서 비평문과 다르다고 할 수 있다.

책을 읽고 난 후 쓰게 되는 독후감상문은 독서하는 동안 느낀 감동과 책에서 얻은 유용한 정보들을 오랫동안 간직해 둘 수 있는 가장 좋은 방법이다. 그 과정에서 새로운 어휘를 습득하기도 하고 풍부한 교양을 함양할 수 있는 장점도 있다. 또한 작가의 작품 창작 의도에 대한 자신의 견해를 정리해 둠으로써 판단력과 비판력을 골고루 겸비하는 훈련도 된다. 독서를 통한 간접적인 체험이 세계를 바라보는 시야를 폭넓게 해 준다면, 독후감 쓰기는 타인의 글을 통해 배운 지식을 자기 것으로 만드는 가장 효율적인 방법인 것이다. 독후감상문은 같은 책이라도 글쓴이에 따라 아주 다른 해석이 가능하다는 점에서 글쓴이의 개성을 다채롭게 보여주는 글쓰기 방식이다.

2. 독후감상문 작성법

독후감상문을 쓰는 방법은 논문이나 보고서처럼 정형화된 일정한 형식이 있는 것은 아니다. 읽은 책의 내용이나 개인의 글쓰기 취향에 따라서 다양한 변주가 가능하다. 다음과 같은 사항을 고려하여 독후감을 써 보도록 한다.

1) 글의 주제 설정하기

책을 꼼꼼하게 정독하고 내용을 충분히 이해한 후, 무엇에 대해서 글을 쓸 것인가를 고민해 본다. 독후감의 주제는 책을 읽으면서 문제의식을 가장 많이 느낀 점이나 작가의 작품 창작 의도를 잘 드러낼 수 있는 것으로 설정한다. 주제를 정해놓고 글을 쓰면 일목요연하고 논리적인 글쓰기를 할 수 있다.

2) 글의 제목 정하기

글의 주제를 정한 후에, 그 주제를 돋보이게 해 주는 인상적인 제목을 정해 본다. 독후감 제목에 책 제목을 그대로 사용해야 하는 경우에는 글의 내용에 적합한 부제를 달아보는 것도 좋다. 참신한 글 제목은 독자들의 눈길을 끌고 글의 전체적인 분위기를 한 눈에 알게 해 주는 효과가 있다.

3) 글쓰기를 위한 개요 정리하기

독후감의 주제가 정해지면 책에서 그 주제에 관련된 내용을 찾아 개요 정리를 해 둔다. 개요 정리를 쉽게 하려면 책을 읽을 때 중요한 부분에 밑줄을 그어 두거나, 간단한 메모 등을 남겨둔다. 개요는 핵심 문구들을 자신의 언어로 최대한 간략하게 정리해 둔다.

4) 머리글, 몸글, 맺음글로 구성하기

독후감은 머리글, 몸글, 맺음글로 구성한다. 독후감을 쓸 때는 논문이나 보고서의 형식처럼 서론, 본론, 결론으로 명확하게 구분할 필요까지는 없다. 그러나 내용의 흐름에 크게 방해가 되지 않는 한도 내에서 적절하게 세 부분으로 구분하면 글쓴이도 논지를 전개하기에 수월하고 독자들이 읽기에도 용이하다.

머리글에서는 책을 읽게 된 동기나 평소에 그 책에 대해 가지고 있었던 생각, 또는 책을 읽고 난 후 느낀 점이나 감동을 받은 점에 대해 적어둔다. 그리고 글의 주제를 밝히고 앞으로 글에서 제기할 문제들에 대해 간략하게 언급한다. 몸글에서는 설정한 주제를 본격적으로 차근차근 풀어나간다. 맺음글에서는 머리글에서 제기한 문제들에 대한 자신의 입장과 견해를 밝힌다. 그리고 나름대로 문제를 해결할 대안을 제시해 보는 것도 좋다.

5) 책의 내용과 자신의 생각을 적절하게 배합하기

독후감은 책의 내용과 자신의 생각을 적절한 비율로 섞어서 균형감 있게 써야 한다. 자신의 생각과 느낌, 그리고 살아오면서 겪은 경험과 에피소드 등이 글의 '씨줄'이라면 독서한 책의 내용과 주변 세계에서 일어나는 사건과 현상들, 객관적인 사실 등은 글의 '날줄'이 된다. 이 씨줄과 날줄을 솜씨 좋게 엮어나가면 좋은 글 모양새가 갖춰진다. 그러나 만약 어느 하나에 지나치게 치우쳐 글이 너무 감상적인 내용으로 채워지거나, 또는 반대로 작품 줄거리의 나열이나 객관적인 사실들이 주를 이루게 되면 어설프고 개성 없는 글이 될 수 있으니 주의해야 한다.

6) 다양한 참고문헌과 대중문화 콘텐츠를 글감으로 활용하기

독후감을 쓸 때는 다양한 참고문헌을 활용하여 주제를 다각도로 바라보는 것이 좋다. 또한 도서뿐만 아니라, 글의 내용과 관련이 있는 영화나 다큐멘터리 영상이 있다면 작품 내용과 비교 분석을 시도해 볼 수도 있다. 그 밖에도 회화나 음악 장르에서도 다양한 글쓰기 아이디어를 찾아낼 수 있을 것이다.

7) 글의 주제를 사회적 이슈가 된 시사 문제와 연결시키기

독후감의 주제를 최근에 사회적으로 이슈화된 시사 문제와 연결시켜 본다. 독후감 중에서도 특히 사회과학 독후감과 자연과학 독후감은 실질적으로 현 사회에서 크게 쟁점화된 문제를 다루는 경우들이 많다. 신문 · 잡지 기사들과 논평들을 수집해 두었다가 글쓰기에 활용한다.

8) 독창적이고 개성 있는 글쓰기

독후감을 쓸 때는 자신의 목소리가 뚜렷하게 드러나는 독창적이고 개성 있는 글을 써야 한다. 글의 주제와 관련된 에피소드나 개인적인 경험을 살리면서 자신의 생각과 주장들을 잘 표현해 낸다. 그렇다고 논의와 아무 상관없는 에피소드나 독자와 의사소통이 되지 않는 글, 편협하고 독선적인 사고가 드러나는 글, 지나치게 감정적으로 흐르는 글은 지양해야 한다.

9) 삶에 대한 자기성찰 이끌어내기

독서와 글쓰기를 통해서 자신의 내부에서 심적 변화가 일어났거나, 생각의 전환을 경험했다면 그에 대해 적어보도록 한다. 문학 작품일 경우에는 등장인물들의 모습에 자신을 비춰보면서 자기성찰을 해 볼 수도 있다.

10) 진솔하고 논리적인 글쓰기

글의 문체는 너무 현학적이거나 꾸밈이 많은 것보다는 진솔하면서도 논리가 정연하며 문학적 감성이 돋보이는 글이 좋다.

무슨 글이든 첫 문장을 쓰기가 무척 힘든 법이다. 지나치게 오랫동안 글 하나를 두고 고민하다 보면 스트레스를 받거나 글쓰기에 대해 두려움을 가지게 된다. 독후감상문은 먼저 책을 읽으면서 마음에 드는 구절이나 중요하다고 생각되는 부분에 밑줄 긋기를 하면서부터 시작할 것을 권한다. 책을 읽고 난 후 그 구절들만 모아도 훌륭한 글쓰기 재료가 되기 때문이다. 한 구절마다 자신의 생각들을 적어나가다 보면 생각이 정리되고 글의 맥락이 잡혀간다. 이런 작업에 차츰 익숙해지고 각고의 노력 끝에 글 실력이 조금씩 향상되면 글쓰기에 대한 자신감이 붙게 될 것이다.

Ⅱ. 문학 독후감상문: 풍요로운 감성의 보고

문학 작품을 읽고 독후감상문을 쓸 때는 작품을 여러 번 정독할 필요가 있다. 책을 읽으면서 작품 전체를 관통하는 핵심 주제를 찾아내고, 그 주제를 뒷받침하는 중요한 모티브들이나 등장인물들 간의 연관관계와 갈등관계를 정리해 둔다면 글을 쉽게 풀어나갈 수 있다. 핵심 주제가 아니더라도 부차적인 주제를 골라 독창적인 방식으로 작품의 또 다른 이면을 파헤쳐 보는 것도 좋은 글쓰기 방법이다.

1. 작가의 작품의도와 작품의 시대적 배경

문학 작품은 다른 분야의 서적들과 비교해 볼 때 작가의 창작 의도와 시대적 배경이 상당히 중요한 부분을 차지한다. 그래서 짧게나마 글의 서두에 작가에 대한 소개를 해 둔다면 작품을 좀 더 전문적으로 이해하려고 노력했다는 점에서 좋은 인상을 남긴다.

『카이저 희곡선』을 읽고

독일 표현주의 드라마를 대표하여 <아침부터 자정까지>와 <깔레의 시민들>로 세계적인 극작가의 위치에 오른 게오르그 카이저는 자신 또한 끊임없이 탈출하는 삶을 살아온 인물이었다. 그는 16세가 되던 해에 구습을 강요하는 학교 교육에 반발하여 자퇴하였으며 그 후 부에노스아이레스로 무작정 떠나 3년간 타지생활을 하기도 했다. 그러나 오랫동안 방황하던 카이저는 마침내 그 끓어오르는 열정을 문학에 쏟아 붓기 시작했고, 성실한 다작다산의 작가로 거듭나게 되었다. 그래서일까? 『카이저 희곡선』에 등장하는 인물들은 대부분 자유인으로서의 모습을 보여준다. 마치 오랫동안 고뇌하며 암울한 시대상황과 맞서왔던 카이저가 조각조각 작품들 속에 녹아있는 듯한 느낌이다.

곽미나(간호학과, 05학번)
제1회 계명대학교 교양도서 독후감 경시대회 최우수작[19)]

이 글을 쓴 학생은 작가의 작품 경향과 그의 삶, 작품의 주요 주제들, 작가에 대한 자신의 생각을 세련된 문장으로 잘 나타냈다.

2. 줄거리는 육하원칙에 따라 간결하게 요약하기

문학 독후감상문을 쓸 때 책의 줄거리 요약정리에 지나치게 많은 지면을 할애하는 경우가 더러 있다. 줄거리 요약이 필요할 시에는 육하원칙에 따라 최대한 간결하게 축약하여 쓴다. 특정 도서를 지정해 두고 개최하는 독후감 경시대회에 출전할 때는 작품 줄거리 요약을 생략해도 무방하며, 글의 흐름상 필요한 부분을 적절하게 요약해서 언급하면 된다. 문학 작품을 분석할 때는 작품 속에서 중요한 문장들을 인용해서 자신의 주장에 대한 근거로 삼아 보는 것도 좋다. 이 경우에도 가장 특징적인 대목들을 뽑아내어 잘 간추린 후 글감으로 사용한다.

3. 문학 작품 장르에 따른 내용 분석

문학 작품은 시, 소설, 수필, 희곡 등 다양한 장르로 나눠지므로, 독후감상문도 장르의 특성을 잘 살려서 쓸 필요가 있다. 소설과 희곡 작품일 경우에는 주요 등장인물들의 성격을 분석해 볼 수 있는데, 그 과정에서 작가의 작품 창작 의도와 작품의 핵심 주제, 그리고 당시의 시대적 배경이 인물들의 성격에 어떤 영향을 미쳤는지도 알아 낼 수 있을 것이다. 또한 등장인물들 중에 주인공은 아니지만 개성 있는 성격의 소유자, 혹은 글쓴이의 호기심을 유발하는 인물이 있다면 그에게 자신의 모습을 투영해 가면서 글을 써 본다. 등장인물 분석에서 유의할 점은 개별적으로 인물 한 사람 한 사람을 따로 분석하는 일은 피하고, 가급적 다른 인물과 비교 분석해야 한다는 것이다. 주제를 설정하지 않고 개별적인 등장인

19) 여기서 소개되는 글은 '계명대학교 교양도서 독후감 경시대회' 1회~16회에 걸쳐 최우수작과 우수작으로 선정된 독후감에서 일부 발췌한 글임을 미리 밝혀둔다. 이하 경시대회에서 선정된 작품의 대회 회수와 독후감 최우수작 혹은 우수작을 표기한다.

물의 성격만을 분석한 글은 상당히 지루하고 밋밋한 글쓰기가 되기 쉽다. 여러 편의 단편소설들이 수록된 책일 경우에는 각각의 단편소설들에 등장하는 인물들 중 서로 유사한 인물들이나, 또는 상반된 성격을 가진 인물들을 선별하여 비교 대상으로 삼는다.

작품이 시 장르일 경우에는 여러 편의 시에 공통적으로 나타나는 소재나 모티브를 찾아서 비교 분석하는 방법을 활용해 볼 수 있다. 또한 자신이 설정한 주제를 담고 있는 시 작품들을 선별해 이 시들 사이의 연관관계를 만들어 가면서 새로운 의미의 창출을 위한 자신만의 독창적인 해석을 가미할 수도 있을 것이다.

『근대영미시선』을 읽고: 꿈이 너에게 말한다

진정한 어른이 되는 것, 진짜 인간이 되어 살아가는 것, 그것은 키플링이 그의 시 <만약에>에 적었듯이 수많은 것들을 인내하고, 좌절에 굴하지 않고, 자신이 가진 신념을 지키는 삶을 살아갈 수 있어야 가능한 일일 것이다. 미국의 여류시인인 에밀리 디킨슨은 <초원을 만들고 싶다면>이라는 시에서 초원을 만들기 위해서 필요한 건 '클로버 잎 하나, 벌 한 마리 / 그리고 꿈. / 꿈만 있어도 돼, / 벌이 모자라면.'이라고 했다. 키플링이 말했던 그 모든 것들을 가능하게 해주는 원동력, 그게 바로 꿈일 것이다. 꿈이 없다면, 목표가 없다면 그렇게 힘든 길을 걸으며 거기까지 닿으려 하지도 않을 것이고, 아예 시도조차 하지 않았을 것이다. (중략)

물론 꿈을 꾸고 상상하는 그 순간은 즐겁고 행복하더라도 꿈을 이루는 과정은 몹시도 힘들고 고단한 것이라는 걸 안다. 알프레드 테니슨이 쓴 <항해하는 젊은이>에서도 그 고단한 과정을 그려내고 있다. 새벽부터 항만으로 달려가 로프를 잡고 항해를 준비하는 젊은이에게 한 사나운 인어가 "비록 그대가 젊고 당당하나 / 난 네가 눕게 될 자리를 알고 있네."라고 말한다. 인어는 젊은이에게 온갖 비난과 부정적인 말들을 쏟아내지만, 그런 인어에게 젊은이는 "어리석은 소리."라고 대답한다. 어떠한 어려움과 위험이 따르더라도 항해하는 것을 멈추지 않겠다는 굳은 신념을 보여주는 것이다.

이예지(일본어문학과, 11학번)
제13회 계명대학교 교양도서 독후감 경시대회 최우수작

이 글을 쓴 학생은 '꿈'이라는 글의 소재를 다루기 위해 키플링의 시 〈만약에〉

와 에밀리 디킨슨의 〈초원을 만들고 싶다면〉, 알프레드 테니슨의 〈항해하는 젊은이〉를 분석했다. 따로 떼어놓으면 별 다른 연관성이 없어 보이는 이 시들에 글쓴이는 각각 삶의 궁극적인 목표와 그것의 성취를 위한 꿈의 필요성과 꿈을 이루는 과정이라는 새로운 해석을 부여하였다.

4. 참신한 주제 설정과 창의적인 글쓰기

독후감상문에서 가장 중요한 요소 중의 하나가 바로 참신한 주제의 설정이다. 같은 책을 읽고 독후감을 쓰다 보면 비슷한 주제에 천편일률적인 글들이 양산될 때가 많다. 그런 경우에는 상식을 깨뜨리고 다른 사람들이 생각하지 않는 부분에서 창의적인 생각이 돋보이는 글을 쓴다면 단연 눈에 띄기 마련이다. 『베니스의 상인』을 읽고 주인공인 안토니오와 바사니오가 아닌 악인의 대명사로 불리는 유태인 샤일록의 관점에서 쓴 글[20]과 아름다운 유부녀 헤스터와 목사 딤즈데일의 운명적인 사랑을 그린 소설 『주홍글자』를 읽고 헤스터의 남편이자 복수의 화신으로 등장하는 칠링워스의 입장을 변호하면서 쓴 글[21] 등이 독후감 경시대회에서 우수한 성적을 거둔 경우가 그 좋은 예이다.

소설 『주홍글자』에서 칠링워스는 청교도적 사회의 규율과 원칙을 고수하고 인간의 순수성의 발현을 억압하는 대표적인 인물로 등장한다. 이 소설은 보수적인 구성원들로 이루어진 사회 풍토에서 편견으로 인해 고통 받는 인간의 인권과 자유의 문제를 다루고자 했던 작가의 의도가 깊이 각인된 작품이다. 그럼에도 불구하고, 이 글을 쓴 학생의 주장은 충분히 논리적으로 설득력을 가진다. 독후감의 글쓴이는 칠링워스가 처한 상황과 그의 외모의 특징, 다른 등장인물과의 관계를 분석해 가는 과정에서 인물의 본질적인 의미와 작가의 작품 의도를 드러낸 후, 이 문제에 대한 자신의 입장을 명확하게 밝히고 있다. 자칫 한 특정 인물에 대한 변호가 다른 등장인물들의 행위와 판단을 비난하거나 일방적인 매도로

20) 권태형(경찰행정학전공, 06학번), 〈『베니스의 상인』을 읽고〉, 제4회 계명대학교 교양도서 독후감 경시대회 우수작.

21) 신영규(회계학과, 07학번), 〈『주홍글자』를 읽고: 칠링워스, 그의 입장에서〉, 제5회 계명대학교 교양도서 독후감 경시대회 최우수작.

흘러갈 수 있지만, 글쓴이는 균형 잡힌 시각으로 등장인물들의 관계를 잘 분석하는 글을 썼다.

『주홍글자』를 읽고: 칠링워스, 그의 입장에서

이 책에서는 사랑하는 여인에 대한 배신감과 변질된 사랑, 그리고 복수에 대한 집착이 그를 철저히 악역으로 몰고 가는 듯하다. 그렇다. 그는 책 전반에 걸쳐 부정적으로 묘사되며, 대부분의 독자들은 주름진 얼굴에 기형적인 몸을 가졌고 주인공들의 순수한 사랑을 갈라놓은 칠링워스를 전형적인 악당으로 볼지도 모른다. 그러나 칠링워스의 입장에서 좀 더 객관적이고 현실적으로 이들 세 사람의 관계를 직시하자면 과연 누가 악당인지 명확히 말할 수 있을까? (중략)

현대 사회에서도 그러하듯이 그 당시 사회적으로도 부정하게 비추어지는 헤스터와 딤즈데일 두 남녀의 불륜이 잘못된 것이 틀림없음에도 불구하고 이를 아름답고 순결한 사랑으로 승화시키기 위해서 칠링워스 그가 어쩔 수 없이 악역을 맡을 수밖에 없었던 것이다. 여기서 알 수 있듯이 분명 칠링워스의 입장에서 보면 그는 오히려 피해자이고 불행한 인물이다. 그런데도 이렇게 악당 취급을 당하며 두 사람의 사랑을 더욱 부각시키는 역할로만 보여지고 있는 칠링워스 그의 입장을 변호하는 것이 그에게 슬픔과 연민을 느낀 독자로서 내가 할 수 있는 최선이라 본다.

신영규(회계학과, 07학번)
제5회 계명대학교 교양도서 독후감 경시대회 최우수작

5. 다른 문학작품이나 예술 장르의 작품을 비교 대상으로 활용하기

독후감을 위해 선정된 도서와 다른 책의 내용과의 비교, 혹은 영화나 그림, 음악 등을 비교 분석의 대상으로 삼는 방식은 글쓴이의 풍부한 인문학적 교양과 다양한 문화적 역량을 보여주게 되므로 권장할 만하다. 『카이저의 희곡선』에 대한 독후감을 쓴 학생은 〈아침부터 자정까지〉에 등장하는 평범한 은행원의 삶을 영화 속 찰리 채플린과 비교하는 참신한 글쓰기로 눈길을 끌었다. 하루 종일 의자에 앉아 기계처럼 돈을 세어 접시에 얹는 카이저의 작품 속 은행원의 모습에 영화 〈모던 타임즈〉에 등장하는 기계의 나사를 죄는 찰리 채플린의 모습을 오버랩시키면서 이 두 인물을 하나의 고리로 연결시켰다.[22] 다른 문학작품이나 예술 장르의 작품들과 비교할 때 유의할 점은 비교 대상을 고를 때 신중을 기해야 한다는 점이다. 전혀 상관없는 대상들을 무리하게 비교하게 되면 논리성이 결여되고 글의 품위를 떨어뜨릴 수 있으니 주의해야 한다.

6. 내면의 성찰을 통한 자기 정체성 찾기

이처럼 문학 독후감상문은 작품의 주제와 등장인물들의 분석이 글의 뼈대를 이루게 된다. 그러나 지나치게 작품 분석에만 치중하다 보면 글이 감상문이라기보다 문학 비평문에 더 가까워질 수 있다. 그렇게 되면 '나'의 목소리는 묻혀버리고 객관적인 분석들로만 채워진 딱딱하고 학술적인 글이 되어버린다. 이럴 경우 작품의 주제가 자신의 삶에 어떤 영향을 미쳤는지, 내면의 성찰을 어떻게 이끌어냈는지를 보여줄 수 있다면 이 문제는 자연스럽게 해결된다.

다음 글은 진솔하게 자신의 속마음을 털어놓으며 글의 주제가 던져주는 여러 가지 의미들을 자기성찰로 이어간 좋은 글쓰기의 사례이다. 한 권의 책을 통해 자신의 삶을 돌아보는 과정에서 자아 정체성을 확립해 가는 것은 독후감상문을 쓰는 중요한 목적 중의 하나이다. 이 밖에도 등장인물들 속에서 '나' 자신과 닮은 점, 혹은 배워야 할 점들을 모색해 보거나, 작품의 등장인물들이 살았던 시대의 사회 풍토와 자신이 살아가고 있는 현대의 세태를 비교해 보는 것도 재미있는 글쓰기 소재가 된다.

주제를 다양한 관점에서 바라보고 분석하면서도 처음부터 끝까지 일관된 관점으로 글을 진행하면 좋은 문학 독후감상문을 완성할 것이다. 독후감의 형식도 다양한 형식을 활용해 볼 수 있다. 예를 들어, 작품에 나오는 특정 등장인물에게 보내는 편지글 형식으로 써 보면 등장인물과 자신 사이에 원활한 소통을 이루어내는 글이 된다. 문학 작품 중에는 여러 편의 단편소설들이 한 권의 책으로 엮인

22) 곽미나(간호학과, 05학번), 앞의 글.

경우도 있다. 이런 경우에는 한 편의 단편만 골라 독후감을 쓰기보다는 여러 편의 작품에서 드러나는 하나의 주제를 설정하여 비교 분석하는 방식으로 글을 쓴다면 훨씬 더 내실 있는 글이 될 것이다.

『주홍글자』를 읽고

나 역시 가슴 속에 나만의 '주홍글자'를 달고 살아가고 있다. 나의 주홍글자는 바로 '어머니에 대한 사랑과 원망'이다. 자신이 책임을 지지도 못하는 큰일을 벌림으로 인해서 어린 시절 받아야 했던 정신적인 충격과 육체적인 고달픔에 대한 원망 대 이 세상에서 나란 아이를 가장 많이 사랑해주시고, 걱정해주시고, 생각해 주시는, 나의 어머니에 대한 사랑이란 상이한 모습의 나만의 주홍글자를 가지고 있다. 그리고 또 한 가지 나 자신의 예를 들자면, 나의 주홍글자는 자신감 대 열등감이다. 나 스스로의 뿌리정신으로써 앞으로 어떠한 고난이 닥치더라도 '난 할 수 있다'라는 나에 대한 믿음과 자신감을 가지고 있지만, 때론 타인과 비교해 보았을 때 '아~ 난 왜 이것밖에 안될까'라는 나 자신이 초라하게 느껴지는 열등감 역시 가지고 있다. 나 역시 내 마음속에 '사랑 대 원망', '자신감 대 열등감'이란 나만의 주홍글자를 가지고 있는 것이다.

이정민(경영학과, 00학번)
제6회 계명대학교 교양도서 독후감 경시대회 최우수작

| 연습문제 |

1. <교양세미나와 글쓰기> 교재 중 문학 작품에 나오는 등장인물들 중에서 자신이 가장 관심 있게 지켜본 인물을 두 사람 이상 찾아내어, 이들을 600자 이내로 비교 분석하시오.

2. 문학 텍스트를 다시 정독한 후 글의 주제를 정하고, 위에서 분석한 등장인물들의 성격 분석 내용을 활용하여 1,000자 이상 문학 독후감상문을 작성하시오.

Ⅲ. 사회과학 독후감상문:
현실을 꿰뚫어보는 예리한 시선

우리는 아침에 일어나 출근이나 등교 준비를 하면서 라디오나 TV를 통해 그 날의 새로운 뉴스를 접하게 된다. 정치 소식이나 금융위기, 사교육비 부담의 증가, 각종 범죄와 사고 소식들을 접하다 보면 문득 이런 의문이 들 때가 있다. 왜 이런 사회문제가 자꾸 생겨나는 것일까? 이런 문제들을 근본적으로 해결할 수 있는 획기적인 방안은 없는 것일까? 사회과학 서적은 우리가 사는 사회, 국가, 그리고 전 지구촌에서 벌어지고 있는 많은 사회 문제들과 현상들의 근본적인 발생원인과 역사적 진행과정, 그리고 문제들에 대한 다양한 대안을 제시해 주는 책이다. 그래서 평소에 각종 뉴스와 신문, 잡지 기사들을 관심 있게 읽고 풍부한 시사 상식을 가진 사람이라면 좋은 글쓰기 소재들을 이미 많이 축적해 놓은 것이다. 사회과학 독후감상문 쓰기 방식은 철학이나 역사, 예술 분야 서적들을 읽고 쓰는 독후감상문에도 적용할 수 있다.

1. 삼단구성의 체계적인 논지 전개

사회과학 독후감상문을 쓸 때는 논지의 체계적인 전개를 위하여 머리글, 몸글, 맺음글을 나누어 구성한다. 하지만 서론, 본론, 결론을 뚜렷하게 구분해야 하는 논문이나 보고서처럼 형식에 크게 구애받을 필요는 없다. 저자의 주장을 바라보는 자신의 관점과 제기된 문제에 대한 입장을 논리적으로 드러내기 위해서는 짜임새 있는 글의 구성을 설정해 둘 필요가 있다.

2. 책 내용에 대한 개요를 자신의 언어로 표현하기

머리글에서는 글을 쓰게 된 동기나 평소 사회 문제에 대한 자신의 생각 등을 적은 후, 앞으로 이 글에서 어떤 논점을 주로 다룰 것인지를 밝혀둔다. 몸글을 쓰기 전에는 먼저 해 둬야 하는 작업이 있다. 사회과학 서적을 읽을 때 저자의 주장과 글의 쟁점을 잘 파악하기 위해 미리 개요 정리를 해 둔다. 본격적으로 몸글을 쓰면서 책의 내용에 대한 개요와 더불어 저자의 집필 의도도 밝혀둔다. 그러나 지나치게 장황하게 쓰거나, 또는 내용을 그대로 옮겨 적는 일은 없어야 한다. 그리고 자신의 견해를 배제하고 저자의 주장을 그대로 답습하는 일도 되도록 피해야 한다. 개요를 적더라도 내용을 충분히 이해한 후 자신의 언어로 표현하도록 노력한다.

『논어』를 읽고

『논어』는 공자孔子 사상의 핵심, 엑기스를 그의 제자들이나 후세 사람들이 정리해 놓은 책이다. 논어를 읽으면서 나는 나 자신도 모르게 '공자'라는 사람이 좋아졌다. 그동안 내가 알았던 공자는 '인仁'과 '예禮'의 중요성을 강조하며 왠지 어렵게 느껴지는 얘기를 하신 분이었다. 하지만, 책을 읽고 나니 공자가 얘기했던 것은 단지 인과 예라기보다 우리 인간이 살아가는 데 있어서 서로 지켜야 할 꼭 필요한 것, 즉 인간이 인간답게 살아갈 수 있는 근본적인 문제에 대해서 많은 연구를 하신 분 같아 보인다.

총 20장으로 이루어진 『논어』 중에서 개인적으로 가장 와 닿는 구절은 역시 <번지문인樊遲問仁한대 자왈子曰 애인愛人이니라>는 구절이다. "사람을 사랑하는 것이 인仁이니라." 참으로 멋진 말이 아닌가! 공자가 이 말을 통해 말하고 싶었던 것은 무엇일까? 요즘 우리 주위를 둘러보면 이러한 '인仁'의 근본정신이 결여된 많은 일들을 보게 된다. 아들이 아버지를 때리고, 제자가 스승을 고소하고, 사회 곳곳에 부조리, 불법이 만연하고, 초등학교에서는 왕따를 견디다 못한 학생이 자살을 하고…… 사실 이런 소식을 대중매체에서 접하게 되면 영 마음이 찜찜하다. 그건 왜 일까? 이러한 모든 것들이 공자가 얘기했던 '인仁'이 결여되어 있기 때문일 것이다.

곽주환(에너지환경과학과, 01학번)
제8회 계명대학교 교양도서 독후감 경시대회 최우수작

글쓴이는 『논어』에서 가장 핵심적인 내용이라 할 수 있는 '인仁' 사상에 대해 언급하면서 공자의 사상이 자신의 삶에 어떤 변화를 가져다주었는지, 그리고 우리 현대인들의 삶에 어떤 교훈을 던져주고 있는지를 적고 있다. 고전은 고리타분하다는 선입견을 깨고 공자의 사상을 현대적 감각으로 재해석한 부분이 돋보이는 글이다. 독후감은 이처럼 자신의 생각이라는 '씨줄'과 타자가 제공하는 새로운 정보를 '날줄'로 하여 솜씨 좋게 엮어내어 또 하나의 새로운 텍스트를 창출하는 작업인 것이다.

3. 최근 사회에서 이슈화된 문제를 주제와 접목시키기

글의 개요를 바탕으로 글의 주제도 정해본다. 주제를 정한 다음 해야 할 일은 근래 우리 사회에서 이슈화된 문제들 중에 글 주제와 관련된 뉴스나 기사가 있는지 알아보기 위해 자료를 검색하는 일이다. 이슈화되지는 않았더라도 우리 사회의 고질적인 문제들이나 사회 구성원들에게 미치는 영향이 큰 문제들과 연관지어 생각해보는 것도 좋다. 글쓰기 자료가 어느 정도 준비되었다면 저자의 주장에 대해 자신의 견해를 밝히면서 지지하기도 하고 반박하기도 하는 식으로 몸글을 진행시켜 본다.

4. 사회과학 용어의 개념을 활용한 글쓰기

사회과학 분야 학문을 공부할 때는 용어의 개념 정리를 명확하게 해둬야 한다. 용어의 개념 속에는 그것이 뜻하는 의미뿐만 아니라, 그 개념이 지향하는 바, 즉 본래의 목적이 들어있다. 머리글에서 주제의 핵심 키워드가 되는 개념의 진정한 의미를 밝히면서 본질적인 문제로 차근차근 접근해 보는 것도 좋은 글쓰기 방법이다.

『20세기 좌익과 우익』을 읽고: ‘지배’와 ‘다스림’의 차이, 조금 더 나은 정치는 무엇일까?

고대 사회에서부터 현대사회에 이르기까지 언제나 지배하는 쪽과 지배 받는 쪽이 존재해왔고 그것은 정치라는 이름 하에 행해져 왔다. 그렇다면 ‘정치’라는 것은 무엇인가? 정政은 ‘나라를 다스리는 일, 부정을 바로 잡다’라는 뜻을 지니고 있고, 치治는 ‘다스리다, 바로 잡다’라는 뜻을 지니고 있다. 즉 정치라는 것은 본래 ‘부정을 바로 잡아 다스리는 일’인 것이다. 하나의 국가가 그것을 구성하고 있는 국민에 대하여, 법을 근거로 보호하고 질서를 유지시키는 행위를 함으로써, 끊을 수 없는 밀접한 관계를 맺고 있는 것이 정치이다.(중략)

하지만 요즘은 오로지 자신들의 실리를 위한 정치 싸움만이 매일같이 보도될 뿐이다. 이번 교양세미나 교재로 『20세기 유럽의 좌익과 우익』이라는 책을 읽으며 정치는 언제부터 원래의 의미가 퇴색되고 오히려 ‘부정을 행하는 것’이 되어버렸는지, 그리고 앞으로 우리가 추구해야 할 정치는 무엇인가에 대하여 곰곰이 생각해 보았다.

류민주(한국어문학과, 07학번)
제5회 계명대학교 교양도서 독후감 경시대회 우수작

글쓴이는 지난 세기의 역사와 현시대 상황에서 ‘정치’의 개념이 얼마나 변질되고 왜곡되어왔는지에 대한 문제의식을 제기하고 있다. 또한 제목 외에 부제를 설정하여 글 전체의 내용을 한 눈에 쉽게 알아볼 수 있게 해 주어 글쓴이의 예리한 문제의식을 한결 돋보이게 했다.

5. 사회과학 서적을 다른 장르의 예술 작품과 비교하기

자칫 따분하게 느껴질 수 있는 사회과학 서적의 내용을 문학 텍스트와 비교하면서 아주 발랄하고 재치 있게 독후감을 쓴 학생이 있다. 프리드리히 엥겔스의 『가족, 사유재산 그리고 국가의 기원』에서 언급된 인류의 결혼문화를 한국 작가 박현욱의 소설 『아내가 결혼했다』의 내용에 접목시킨 글쓰기는 발상 자체가 상당히 참신하게 여겨진다.

『가족, 사유재산 그리고 국가의 기원』을 읽고:
아이코, 아내가 결혼했다!

이쯤에서 아내를 결혼시킨 그 남자를 돌아보자. 일부일처제라는 제도의 틀을 싫어하고, 사랑하는 사람과는 몇 명이든 자유롭게 결혼관계를 맺고자 하는 여자를 아내로 둔 그 남자는 지금 어디에서 무엇을 하고 있을까? 박현욱의 소설 『아내가 결혼했다』의 결말은 주인공 남편이 두 명의 남편과 결혼생활을 계속 유지하고 싶어 하는 아내의 부탁을 거절하지 못하고, 뉴질랜드로 이민 가는 것을 결심하는 장면으로 끝이 난다.(중략)

이 결혼의 형태를 엥겔스의 주장대로 해석하자면, 푸날루아 가족의 결혼 양상과 비슷하다. 모계중심인 이 사회에서는 얼마든지 원한다면 현재의 남편과 아내의 관계를 유지한 채 새롭게 결혼을 할 수 있다. 이혼율이 결혼한 부부의 30%에 이르고, 그 이혼의 사유 중 50%가 배우자의 외도 때문이라는 2008년의 한국에서 이 결혼의 형태는 가족의 테두리를 저버리지 않고, 사랑하는 사람들이 함께 사는 이상적인 가족의 신모델인지도 모른다. 박현욱이 소설을 통해서 말하고 싶었던 것은 어쩌면 급변하는 현대사회의 낭만적인 신가족 형태의 제시가 아니었을까? 그렇다면 아내의 또 다른 남편을 인정한 이 남자, 뉴질랜드에서 과연 행복하게 살고 있을까?

김선미(한국어문학과, 05학번)
제7회 계명대학교 교양도서 독후감 경시대회 우수작

이 학생은 생소한 개념인 '푸날루아 가족'의 형태를 문학 작품에서 유사한 사례를 들어 쉽게 설명해냈다. 또한 원시사회에서 가능했던 이 가족제도를 현대사회에 적용했을 때 생겨날 수 있는 문제점들을 거론하면서 자신이 생각하는 이상적인 결혼 생활을 위해 전제되어야 하는 정신적 가치들을 제시하고 있다. 여러 면에서 독창적인 아이디어들이 눈에 띄는 글이다. 그러나 자칫 잘못하다가는 독후감의 대상으로 선정한 책의 내용에서 너무 많이 벗어나 엉뚱한 논의에 오래 머무르는 우를 범할 수도 있다는 점을 유의해서 글을 써야 한다. 독후감은 가능한 선정한 도서에 의거하여 자신의 생각과 주장을 전개할 필요가 있다.

6. 비판의식을 가지고 문제에 대한 대안 제시하기

사회 현상들이나 문제, 사회 집단의 형태, 정치의 양상이나 지도자들의 통치 방식들은 역사 속에서 서로 유사한 경우들이나 오히려 완전히 상반된 경우들을 흔히 찾아볼 수 있다. 이러한 유사성과 상반된 경향들을 다른 참고문헌들을 활용하여 비교 분석하는 글쓰기는 긍정적인 결과를 가져온다. 『20세기 유럽의 좌익과 우익』에 대한 독후감을 쓴 또 다른 학생은 좌익과 우익의 문제를 다루면서 특히 우익 보수주의의 대표적인 인물인 히틀러에 주목했다. 글쓴이는 유대인을 학살한 히틀러의 나치즘을 무리한 운하 건설로 백성들을 억압했던 중국의 수양제가 백성들의 불만이 고조되자 고구려와 전쟁을 일으킴으로써 위기상황을 극복하려했던 역사적인 사건과 비교하면서 두 통치자의 지배 방식의 유사성을 찾아냈다.[23] 이 글은 글쓴이의 역사적 안목과 비판정신을 잘 드러내는 좋은 글이다.

『자유로부터의 도피』를 읽고

나는 인간에겐 자기 자신이 자아를 기회비용으로 내어 주면서까지 고독을 기피하고, 덩달아 자기 자신을 '평범한 사회적 체계'에 종속시킴으로써 사회적 소속감과 자신의 정체성을 확인받고자 하는 강한 의존적 성향이 내재되어있다고 본다. 그러나 어쩌면 그와 동시에 인간은 '자아의 상실'로 인한 고통 속에서 또 다른 방식으로 끊임없이 외로워하고, 나 자신으로부터의 소외와 그 이유를 알 수 없는 '무의미함' 앞에 수없이 무너지며 '의미'를 찾기 위한 무언의 투쟁을 벌이고 있기 때문에 너무나 불완전하다고 생각한다. 따라서 진정한 자유로의 한 걸음은 자기 자신에 대한 나의 마음을 한 칸 더 열어주는 것에서 시작될 것이다. 또한 내가 의식하지 못하고 있던 내 사고나 언행의 불안정함을 보다 폭 넓게 수용하고 그에 따른 모순을 누구보다 냉정하게 비판하여, 습관화되어버린 내 무의식들이 나의 자율성과 잃어버린 자아에 어떤 영향을 미치는지 혹은 그 영향에 대한 효과적인 대응은 어떻게 해야 할 것인지에 대한 진지한 고찰이 필요할 것이다.

이보경 (경영학과, 12학번)
제15회 계명대학교 교양도서 독후감 경시대회 우수작

23) 홍지선(경찰행정학전공, 07학번), 〈『20세기 유럽의 좌익과 우익』을 읽고〉, 제6회 계명대학교 교양도서 독후감 경시대회 우수작.

이 글의 글쓴이는 에리히 프롬의 저서『자유로부터의 도피』를 통해 인간이 스스로 자율성과 자유의지를 포기하고 타인이나 사회 메커니즘에 종속당하고 싶어 한다는 사실을 인지하고, 이에 대해 냉철한 시각으로 비판하고 있다. 하지만 글쓴이는 비판에만 머무르지 않고, 그러한 모순된 인간 심리가 형성되기까지의 역사적 과정과 근본 원인을 치밀하게 분석한 후 자신의 상황에서 이 문제를 해결할 구체적인 방법들을 제시하고 있다.

이처럼 사회과학 독후감상문은 책의 내용을 통해 자신이 살고 있는 사회의 문제를 이끌어내고 나름대로의 대안을 제시하는 글쓰기이다. 글을 쓸 때 자신의 주장을 지나치게 일반화시키거나 보편화하려다 보면 억지 주장이 될 수 있으니 주의해야 한다. 사고의 균형을 잃지 않고 사회 전체를 아우르는 안목을 가지고 글을 쓰도록 노력해야 할 것이다.

| 연습문제 |

1. <교양세미나와 글쓰기> 교재 중 사회과학 도서에서 가장 흥미를 가지고 읽은 장을 선택하여, 그 장의 주요 내용에 대한 개요를 600자 이내로 정리하시오.

2. 작성한 개요를 활용하여 사회과학 독후감상문을 1,000자 이상 작성하시오. 교재에 나타난 문제와 현대 사회에서 발생하는 유사한 문제들을 비교하면서 저자의 주장에 대한 자신의 생각과 입장을 밝히시오.

Ⅳ. 자연과학 독후감상문: 신비한 과학 세계로의 여행

우리나라에서 '개미 연구 분야의 일인자'이자 '과학 대중화의 전도사'로, 또 에드워드 윌슨의 『통섭』[24]의 번역자로도 잘 알려진 최재천 교수는 그가 고등학교 때 읽었던 짧은 수필 한 편이 인생을 송두리째 바꿔놓았다고 한다. 노벨 문학상 수상자인 러시아 작가 솔제니친의 〈모닥불과 개미〉라는 수필이 바로 그 작품이다. 젊은 나이에 동물행동학 분야의 세계적인 권위자의 자리에 오른 최재천 교수는 이 수필을 읽고 난 후 느꼈던 전율과 감동을 평생 잊을 수 없었다고 한다.[25] 한 권의 책이, 혹은 짧은 몇 줄의 글이 이렇게 한 사람의 인생을 완전히 뒤바꿔 놓을 수도 있는 것이다. 최재천 교수의 책은 생물학적 현상에 대한 명확하고 검증된 과학적 이론과 실험 결과를 다루고 있으면서도, 풍부한 문학적 감성과 해박한 역사적 상식, 폭넓은 사회학적 이해를 가지고 쓰였기 때문에 대중들에게 큰 호응을 얻어낼 수 있었다. 그의 글쓰기 방식은 자연과학 분야에서 좋은 글쓰기 모델이 되고 있다.

1. 과학 상식 배우기

자연과학도들이 아닌 일반 학생들에게 자연과학 분야는 상당히 어렵게만 느껴지는 게 사실이다. 그러나 최근 우리 사회에서 크게 이슈가 되고 있는 지구 온난화 문제, 생명 복제의 윤리성 문제, 미국산 쇠고기 수입 반대 시위, GMO 식품의 안전성 논란, 중국 멜라닌 분유 파동, 각종 성인병의 증가 등이 이 분야와 관련된 문제들이다. 바로 지금 우리가 들이마시고 있는 공기와 저녁식사 반찬으로 식탁에 오를 각종 식품들의 성분을 분석하고 연구하는 데서부터 비롯하여 전 우주의 현상과 법칙을 총망라해 놓은 책이 자연과학 서적이다. 평소에 모호하게만 알고 있던 과학 상식들을 이 서적들을 통해 좀 더 전문적으로 배우고, 이런 문제

24) 에드워드 윌슨, 『통섭: 지식의 대통합』, 최재천 · 장대익 옮김, 서울: 사이언스북스, 2005.
25) 최재천, 『개미제국의 발견』, 서울: 사이언스북스, 2007, pp. 12-13.

들의 근본적인 원인을 알고 해결책을 스스로 찾아볼 수 있다면, 참으로 의미 있는 독서와 작문 시간이 될 것이다.

2. 과학 이론과 정보를 습득하고 자신의 언어로 재구성하기

자연과학 독후감상문도 위에서 언급한 글쓰기의 기본 요건들을 잘 갖추어 쓰면 된다. 그런데 몇 가지 유의할 점이 있다. 자연과학 분야가 객관적인 자연법칙과 연구 방법을 다룬다는 점에서 다른 분야와 차별되는 만큼, 독후감을 쓸 때 과학 이론에 대한 명확한 지식을 먼저 충분히 습득해야 한다. 그리고 이를 생활 속에서 어떻게 적용해 볼 것인지, 이런 과학 기술들이 인류의 미래에 어떤 영향을 미치게 될 것인지, 또 새로운 기술의 창출 과정에서 인간의 윤리를 파괴하는 요인들이 존재하지는 않는지 등을 고려해서 글을 써 본다.

『바이오테크놀로지와 생명윤리』를 읽고

스스로를 신의 피조물로 생각하며 모든 것이 자연의 순리인 양 받아들이며 살던 인간들은 어느 순간부터인가 자신들의 생존에 위협을 받지 않기 위해, 혹은 스스로의 편의를 늘려가기 위해 자연이라는 대상을 조금씩 분석하기 시작했다. 그렇게 근대 과학이 시작된 이래 수많은 자연현상들이 분석되기 시작했고, 그 결과는 눈부신 삶의 발전으로 나타났다. 1900년, 급기야는 '생명'이라는 것을 이루는 법칙마저 알아가기 시작했으니 그것이 바로 멘델이 발견한 유전의 법칙이다. 완두콩의 우성과 열성 인자를 토대로 식물의 유전법칙을 발견한 멘델, 이후 모건의 연구로 인해 그 법칙이 식물이 아닌 동물에게까지 적용된다는 사실을 알았을 때, 인간은 조금씩 '신의 영역'이라고 칭하던 곳에 눈길을 두게 된다. 창조는 신만이 가능한 것인가? 과연 인간이 '창조' 행위를 할 수 있는 것인가? 이런 물음 속에 많은 연구가 진행되었고, 그 결과 인간이 드디어 인간의 창조라고 볼 수 있는 '생명복제' 기술을 개발하게 된다.

정보성(광고홍보학과, 06학번)
제7회 계명대학교 교양도서 독후감 경시대회 우수작

앞의 글을 쓴 학생은 책에 나오는 과학 발전의 역사와 진행 과정들에 대한 서술을 자신의 언어로 잘 재구성해 냈다. 그 과정에서 생겨난 문제들을 구체적으로 짚어가면서 앞으로 몸글에서 다루게 될 문제점들을 차분하게 이끌어내고 있다. 이 글을 통해 글쓴이는 생명복제 기술이 가지고 있는 양면성의 문제를 다룰 것을 시사하고 있다.

3. 주장이 찬반으로 나뉘는 경우에는 문제의 주요 쟁점 제시하기

『바이오테크놀로지와 생명윤리』를 읽고

우선 인간복제가 가져올 문제점에 대해 생각해보자. 인간복제가 가져오는 가장 큰 문제는 바로 인간의 존엄성에 관한 문제이다. 앞선 글에서도 밝혔지만, 이런 생각들은 인간이 인간을 조작할 수 없다는 윤리의식에 바탕을 두고 있다.(중략) 인간 복제가 실현되었을 때 많이 우려되는, 그리고 실제화 가능성이 가장 높은 문제가 인간의 도구화다. 필요한 부분만 취하기 위해 인간을 복제한다거나, 정치적 혹은 경제적인 도구로 사용하기 위해 인간을 복제하는 일까지. 충분히 생각할 수 있는 일이며 그 우려가 이미 영화로도 개봉돼 우리에게 작은 충격을 주었다. (영화 <여섯 번째 날>과 <아일랜드>를 기억해보라)
(중략)

이제 인간복제가 우리에게 줄 수 있는 득에 대해 생각해보자. 우선 단순하게 생각할 수 있는 것이 지금 존재하는 질병들에 대한, 특히나 불치병이라고 생각하는 것들에 대한 해결을 들 수 있다. 물론 이 이익에 대해서는 앞서 말한 인간의 도구화에 대한 문제가 등장할 것이다. 하지만 생각해 보라, 과학은 결코 현재에 머무르지 않는다. 최초에 개발된 자동차의 시속이 10km대에 불과했다면 지금은 300km대에 육박하는 자동차들이 도로 위를 달리고 있다. 인간복제도 마찬가지다.(중략) 인간복제의 실현은 인간복제뿐만 아니라 우리가 미처 생각하지 못했던 여러 가지 발전을 가져올 수 있다. 물론 그에 따른 부정적인 면도 분명히 존재할 것이나, 그것은 앞서 말한 불과 핵의 경우와 동일하다고 할 수 있겠다.

정보성(광고홍보학과, 06학번)
第7회 계명대학교 교양도서 독후감 경시대회 우수작

이렇게 찬반 여론이 선명하게 나눠지는 문제일 경우, 구체적으로 이 문제를 둘러싼 어떤 쟁점들이 논의되어 왔는지 보여줄 필요가 있다. 특히 과학기술 분야의 연구는 기술의 발전이 윤리와 대치된 상태에서 비약적인 발전을 하는 경우 인간에게 엄청난 재난을 가져올 수도 있다는 점에서 충분한 사전 검토가 필요하다.

글쓴이는 인간복제로 인해 생겨날 문제점을 지적하면서 동시에 이 연구의 필요성에 대해서도 강조하고 있다. 이처럼 주요 쟁점들을 짚어주는 일은 글쓴이가 이 분야에 대해 어느 정도의 상식을 갖추었는지, 정확하게 문제의 핵심을 꿰뚫고 있는지, 과학적으로 검증된 자료를 사용하였는지를 보여주는 부분이므로 반드시 서술해야 한다. 그 다음으로 중요한 것은 단순히 객관적인 사실이나 이미 논의되어 온 문제들의 결과만 열거하는 것이 아니라, 글의 진행과정에서 자신의 입장을 차분하게 드러내는 일이다.

4. 실천 가능한 대안 제시하기

『지구환경 위기와 생태적 기회』를 읽고

이 책을 읽으며 지구환경이 처한 위기와 생태계 파괴의 심각성을 깊이 깨닫게 되었다. 대수롭지 않게 여기고 아무렇게나 행동하는 많은 사람들의 환경에 대한 인식과 태도가 반드시 달라져야만 한다고 생각한다. 환경은 파괴하기는 쉽지만 파괴된 환경을 제자리로 돌리기에는 많은 시간과 노력, 그리고 경제적인 투자가 함께 필요하게 된다. 환경이 파괴된 뒤 때늦은 후회를 하기 전에 스스로 환경을 아끼고 보호하려는 노력이 있어야 하겠다. 내가 가장 권하고 싶은 환경보호의 실천방법 중 하나는 분리수거 및 재활용이다. 실천하기 쉽고 힘도 들지 않으며 남녀노소 할 것 없이 누구나 할 수 있는 일이 바로 재활용이라고 생각한다. (중략) 분리수거, 재활용품 사용, 일회용품 사용하지 않기, 에너지 절약하기, 물 아껴 쓰기, 쓰지 않는 전기코드 뽑기, 음식 남기지 말기, 쓰레기 버리지 않기 등 일상생활 속에서 작은 실천 하나로도 우리는 환경을 살릴 수가 있다는 것을 알아야 한다.

김연주(사회과학대학, 09학번)
제9회 계명대학교 교양도서 독후감 경시대회 우수작

21세기를 살아가는 인류에게 가장 큰 문제는 에너지 고갈과 식량 부족 문제, 기후변화, 환경 문제 등일 것이다. 이러한 문제들 중에는 인간의 힘으로는 도저히 해결할 수 없는 특수한 상황에 의해 발생하는 문제도 있지만, 일정 부분 인간의 노력으로 개선할 수 있는 문제들도 많이 있다. 환경과 생태 문제 등을 다룰 때는 막연하게 문제에 대한 논의에만 그치지 말고 구체적인 실천 대안들을 제시해 보도록 한다.

환경문제 해결 방안은 국가 정책적인 차원이나 지방자치단체의 사업으로 제시되는 대안들도 있을 수 있겠지만, 독후감에서는 가능한 자신이 실천할 수 있는 현실적인 방안들을 제시해야 설득력을 얻을 수 있다.

5. 정확하고 검증된 자료를 선별해서 글감으로 사용하기

자연과학 독후감상문은 과학 분야의 문제를 다루는 만큼 실험과정이나 결과에 대한 정확하고 검증된 자료를 선별해서 사용해야 한다. 그렇다고 해서 사실이나 객관적 자료들이 글의 대부분을 차지해서는 안 된다. 그렇게 되면 감상문의 성격보다는 논문이나 보고서에 가까워져 독후감상문 본래의 취지를 잃어버리게 된다. 독후감 쓰기에서는 설정한 문제에 대해 자신이 어떻게 보고 있는지를 서술하는 것이 주가 되어야 하고, 객관적 자료들을 주장의 근거나 사례로 끌어들이는 방식을 취하는 것이 좋다. 그리고 참고문헌 등에서 인용한 자료나 사례 등은 반드시 각주를 이용하여 출처를 밝혀두도록 한다.

| 연습문제 |

1. 〈교양세미나와 글쓰기〉 교재 중 자연과학 서적에 나타난 저자의 주장에 대한 구체적인 근거를 800자 이내로 찾아 적으시오.

2. 위의 정리를 토대로 하여 저자의 주장에 대한 자신의 입장을 밝히는 자연과학 독후감을 1,000자 이상 작성하시오.

V. 독후감상문 쓸 때 유의할 점

1. 맞춤법과 띄어쓰기에 유의해서 글쓰기

다른 글쓰기와 마찬가지로 독후감상문을 쓸 때도 맞춤법과 띄어쓰기에 유의하여 문법에 맞는 정연한 문장으로 써야 한다. 글을 다 쓰고 난 후에는 소리 내어 읽어보면서 문장은 자연스러운지, 오탈자나 띄어쓰기가 잘못된 곳은 없는지 점검해 본다.

2. 절대 남의 글을 무단도용하지 않고, 참고 문헌의 출처 밝히기

글을 쓸 때 외부 참고자료를 인용하는 경우에는 반드시 출처를 밝히는 일을 잊어서는 안 된다. 간혹 인터넷이나 다른 문헌에서 타인의 글을 무단으로 도용하거나 표절해서 독후감에 버젓이 사용하고도 아무런 도의적 책임을 느끼지 못하는 사람들이 있다. 이런 일이 상습적으로 일어날 경우에는 엄중한 처벌이 뒤따른다는 사실을 염두에 두길 바란다.

글쓰기에 필요한 자료들을 검색할 때는 인터넷에서 돌아다니는 정체불명의 자료들이나 블로그의 글을 인용하지 말고, 먼저 도서관을 찾아가 관련 자료를 검색하고 찾는 버릇을 들여야 한다. 권위 있고 학술적으로 공인된 저자의 참고문헌을 인용한다면 자신의 글의 품위를 한껏 끌어올릴 수 있다. 참고문헌을 인용할 때는 인용이 끝나는 부분에 각주를 달아서 출처를 밝히거나 문장이 끝나는 부분에 저자의 이름과 책 제목을 밝혀두는 방법이 있다.

3. 독후감 경시대회에 출전하기

마지막으로 독후감상문이 완성되면, 계명대학교 교양도서 독후감 경시대회나 그 밖에 다른 단체에서 개최하는 독후감 경시대회에 꼭 출전해 볼 것을 권한다. 이런 대회를 통해 자신의 글에 대한 객관적인 평가를 받을 수 있는 좋은 기회로 삼을 만하다. 대회에서 한번이라도 입상을 해 본 사람이라면 자신의 글쓰기 실력에 큰 자부심을 가지게 될 것이다. 그리고 비록 당선되지 않았다고 해도 책을 읽고 글을 쓰는 과정에서 쌓은 교양과 스스로 깨닫게 된 점들은 앞으로도 인생을 살아가는 데 큰 보탬이 될 마음의 양식으로 남게 될 것이다.

학술적 글쓰기

Ⅰ. 학술적 글쓰기의 의미

대학에서의 글쓰기는 대체로 보고서나 논문 형식의 학술적 글쓰기와 실용문으로 나눌 수 있다. 학술적 글쓰기에는 학술연구보고서, 조사 · 답사 보고서, 실험 · 관찰 보고서 등의 보고서 형식의 글과 학위논문, 학술논문, 소논문 등의 논문 형식의 글이 있다. 보고서에는 대학에서의 과제를 지칭하는 '리포트(Report)'도 포함된다. 대학에서의 보고서는 학문적인 목적과 의도가 강하다는 측면에서 일체의 주관적인 견해를 배제하고 객관적인 사실만 기술하는 일반적인 보고서와는 구별되어 그 용어가 매우 광범위하게 쓰인다. 논문 외에 보고서도 논문형식을 갖춘 객관적인 글이지만 실용문은 에세이나 감상문, 비평문 등의 형식으로 작성자의 주관적인 견해나 개인적인 느낌 등이 반영된다는 점에서 서로 구별된다.

보고서 쓰기는 대학에서 가장 빈번하게 요구되는 과제로서 시험 이외의 학습평가 방법이기도 하고, 독창적인 학술논문을 쓰기 위한 준비과정이기도 하다.[26] 오늘날 대학에서 반드시 학위논문을 쓸 필요는 없다 하더라도 각종 대학생 논문

26) 학술논문을 쓰는 구체적인 방법과 형식은 『학술논문작성법』(대구: 계명대학교출판부, 2007)을 참고바람.

경시대회나 논문 형식의 글이 요구되는 기회는 얼마든지 있다. 보고서는 완전한 학술논문 형식은 아니라 하더라도 어느 정도 논문형식과 내용을 갖춘 글이다. 논문 형식의 글을 써봄으로써 학문을 탐구하는 기본적인 의미와 과정을 습득하게 된다. 그러므로 충실한 보고서 쓰기는 대학생활의 중요하고 의미 있는 학습활동 중의 하나라고 할 수 있다.

보고서는 어떤 주제를 정하여 학문적으로 연구하거나 특정 지역이나 대상을 조사·답사, 실험·관찰한 과정과 결과를 체계적으로 쓴 글이다. 따라서 보고서는 논리적인 전개에 따른 객관성과 정확성을 유지해야 한다. 객관성의 확보를 위해 보고서 쓰기에는 주어진 과제에 따라 문헌조사, 설문조사, 통계작성, 답사, 실험 등 다양한 방법이 사용된다. 보고서의 형식은 전공분야와 과제의 성격에 따라 각각 조금씩 달라지지만 대체로 '제목-서론-본론-결론-참고문헌'의 논문형식을 유지한다.

대학의 보고서에서는 일반 보고서와 달리 자신의 의견이나 주장이 어느 정도 허용된다. 공연이나 음악회, 전시회, 유적지 등 현장답사를 토대로 하는 보고서에는 보고와 관련된 내용 외에도 현장에서 발견된 문제점이나 개선되어야 할 점 혹은 제안 등이 덧붙여질 수 있다. 실험이나 관찰을 토대로 하는 보고서에는 객관적인 조사에 대한 보고와 함께 작성자의 견해가 들어간 평가항목이 포함되는데 다른 분야와 달리 자연·이공계열의 실험·관찰 보고서에서 평가항목은 매우 중요한 부분이다.

논문은 연구자가 관심 있는 특정 문제나 새로운 문제에 대해 연구한 것을 체계적이고 논리적으로 쓴 글이다. 논문에서는 보고서에서 한 걸음 더 나아가 연구자가 제기한 문제에 대한 자신의 주장을 논리정연하게 제시할 수 있다. 그렇게 하기 위해서 짜임새 있는 구성과 자신의 주장을 뒷받침할 수 있는 객관적인 근거들을 마련해야 한다. 따라서 논문은 보고서보다 훨씬 더 체계적이고 논리적이어야 하며, 정확하고 객관적이어야 한다. 또한 이미 기존에 나와 있는 견해나 주장들을 재정리하는 차원이 아니라 새로운 문제를 제기하는 독창성이 드러나야 한다.

보고서와 논문에 인용한 자료의 출처는 분명하게 밝히고 참고한 자료들을 제시하여 객관성을 높여야 한다. 보고서와 논문의 문체는 감상적이거나 화려한 문장과 만연체를 피하고 이해하기 쉬운 간결하고 명료한 표현으로 작성하는 것이 바람직하다.

Ⅱ. 학술적 글쓰기의 종류

1. 조사 · 답사 보고서

조사·답사 보고서는 설문조사나 답사 등 현장에서 직접 조사한 결과나 현장 방문을 통한 생동감 있는 연구결과를 보고하는 글이다. 조사 보고서는 주로 인문사회계열에서 많이 요구되는 보고서로서 특정 사안에 대한 심층적 조사내용과 조사방법, 그리고 최종적인 조사결과를 포함해야 한다. 보고서의 서두에 조사의 목적과 설문, 또는 기타 조사방법에 대한 설명이 분명하게 이루어져야 한다. 이 보고서에서 무엇보다도 중요한 것은 작성자의 주관적인 입장은 자제하고 객관적인 조사방법을 통해 조사결과를 가장 객관적으로 제시하는 것이다. 만일 설문조사를 할 경우에는 객관성을 확보할 수 있는 문항을 만드는데 신경을 써야 하며 설문대상의 성격과 범위를 명확하게 제시해야 한다. 조사결과를 도표로 만들어 일목요연하게 제시하고 최종결과를 뒷받침할 수 있는 설득력 있는 설명이나 해설을 덧붙이는 것이 바람직하다. 더 나아가 도출된 결과를 토대로 예측할 수 있는 가능성과 의미 등을 명시해주면 더 좋은 조사 보고서가 될 수 있다.

답사 보고서는 답사를 다녀온 후 그 결과를 기록으로 남기고 보고하기 위해 쓰는 글이다. 따라서 답사 보고서는 답사 현장을 다녀오지 않은 사람이 보아도 답사를 다녀온 것 이상으로 답사 현장을 이해할 수 있도록 작성하는 것이 중요하다. 그렇게 하기 위해서는 답사 현장에 대해 주요 특징을 중심으로 세밀하게 묘사해야 한다. 답사의 목적이 현장에서 어떻게 확인되었는지 기술하는 것도 필요하다. 답사 현장을 생생하게 보고 하기 위해서 사진자료를 첨부하는 것이 효과적인데 인터넷 검색사진보다 직접 촬영한 사진을 사용해야 한다. 오늘날 영상매체를 이용한 과제가 증가하고 있는 추세이므로 경우에 따라서 생동감 있는 현장을 영상이미지나 동영상으로 제작하여 직접적으로 보여주는 UCC (User Created Contents)로 답사 보고서를 제작할 수도 있다. 답사 보고서는 보고서의 성격에 따라 작성자의 주관적인 견해라 할 수 있는 평가와 제안이 덧붙여질 수 있다. 그럴 경우 설득력 있고 객관적인 평가를 하기 위해 신경을 써야 한다. 또한 현장답사를 통해 제기된 문제점들을 중심으로 해결방안이나 창의적인 대안을 제시하면 보고서의 완성도는 더 높아진다.

2. 실험 · 관찰 보고서

실험 · 관찰 보고서는 주로 자연계열 학생들의 글쓰기 과제로 요구되는 형식의 보고서이다. 이공계열 학생들에게도 실무적 기능에 관한 기술 보고서 외에 실험 보고서를 써야 할 경우가 빈번하다. 실험 · 관찰 보고서는 가장 객관적인 보고서로서 실험과 관찰의 결과를 통해 도출해낸 것을 보고하기 위한 글이다. 다른 보고서와 달리 연구자 스스로가 연구결과를 검증할 수 있어야 하기 때문에 객관적인 사실을 정확하게 작성해야 한다.

보고서의 서두에는 실험내용과 관련 지식에 대한 개요와 함께 기존의 실험 이론과 실험방법을 통해 알려진 연구 내용을 기술하는 것이 좋다. 본론에는 실험과 관찰의 내용, 목적, 기간, 장소, 실험 및 관찰대상, 실험장치와 재료 등에 대한 자세한 기술과 함께 실험과 관찰의 방법과 과정에 대한 상세하고 정확한 기록이 있어야 한다. 또한 보고서를 통해 충분하게 내용을 파악할 수 있도록 현장의 상황이나 실험과 관찰에 영향을 끼칠 수 있는 사안 등에 대해서도 기술하는 것이 좋다. 실험과정에 관한 사진 자료를 넣고 실험 결과를 일목요연하게 도표를 만들어 작성하는 것이 효과적인데 사진이나 도표가 여러 개 들어갈 경우 일련번호를 부여하여 표1, 표2, 도1, 도2 등으로 표기한다.

결론에서는 실험의 결과를 토대로 도출해낸 최종 연구결과와 성과를 정리하고 자신의 연구결과를 기존의 연구결과와 비교하고 고찰하면서 연구자의 연구결과의 타당성을 입증한다. 다른 보고서와 달리 실험 보고서에는 결론과 함께 실험 결과에 대한 의미 부여와 평가를 하는 검토 과정이 들어가야 한다. 실험 보고서는 객관적 사실을 그대로 보고해야 하는 글이므로 실험결과가 만족스럽지 못하더라도 이후의 더 성공적인 실험을 위한 자료로 활용될 수 있으므로 그 자체로 충분한 의미를 가진다. 만일 실험 결과가 만족스럽지 않거나 관련 이론과 일치하지 않을 경우, 그 원인에 대한 자세한 분석과 검토가 필요하다. 실험에 참가한 조원들이 토론한 내용이나 제안 등을 자세히 정리하여 보고서를 마무리해야 한다.

3. 학술 · 연구 보고서와 논문

앞서 언급한 것처럼 학술 · 연구 보고서도 논문형식으로 작성되기 때문에 여기서는 학위논문, 학술논문 그리고 소논문과 함께 다루기로 한다. 학술 · 연구 보고서는 학술논문의 분량보다는 훨씬 적지만 학술논문의 형식을 가장 충실하게 따른다는 점에서 단순히 수강과목의 과제일 뿐만 아니라 각종 학술논문대회나 학위논문 작성을 위한 가장 좋은 준비과정이 된다. 학술 · 연구 보고서는 다른 전공분야에서도 요구되기도 하지만 특히 인문사회계열에서 주로 작성되는 보고서이다.

학술 · 연구 보고서는 실험결과나 현장답사 경험을 토대로 하는 보고서와는 달리 순수한 학술적인 연구내용으로 심도 있게 이루어지기 때문에 다른 보고서에 비해 방대한 문헌자료 수집과정이 필요하다. 보고서의 주제와 관련된 문헌자료가 많을수록 보고서의 객관성을 높일 수 있지만, 수집한 문헌자료를 토대로 독창적인 주제를 새롭게 도출해낼 수도 있다. 따라서 제대로 된 자료 수집은 그 자체로 이미 절반은 완성된 보고서라 할 수 있다.

논문을 작성하는 과정은 보고서와 크게 다를 바 없다. 학술 · 연구 보고서와 달리 학술논문이나 학위논문의 경우 단기간에 끝나는 일이 아니므로 선행연구를 토대로 선정한 연구 주제에 대한 연구 계획서를 작성하는 절차가 반드시 필요하다. 학술 · 연구 보고서의 경우라도 연구계획서를 써보면 논문의 문제점과 보완할 점을 미리 찾아내어 논문의 진행과정이나 내용을 수정할 수 있다.

논문의 형식은 보고서와 같은 기본 형식을 유지하지만 그 구성은 좀 더 복잡하다. 논문의 구성은 연구의 필요성과 목적, 이론적 배경, 연구방법, 연구결과, 기대성과, 활용방안 등으로 이루어지고, 앞으로의 연구 과제를 덧붙일 수 있다. 학위논문에서 전공분야에 따라 본문 속에 여러 도판들을 사용했을 경우 참고문헌 뒤에 도판정보를 순서대로 정리한 도판목록이 붙게 된다. 학위논문에는 맨 앞에 국문 요약본인 국문초록이 오고 맨 뒤에는 영문이나 논문에 사용된 해당 외국어로 된 요약문(Abstract)이 덧붙여진다. 학술지에 투고하는 논문의 경우 영문요약본과 몇몇 키워드가 맨 앞이나 맨 뒤에 배치되는데 각 학회의 투고규정에 따르면 된다.

Ⅲ. 학술적 글쓰기의 과정

학술적 글쓰기의 대표적인 경우인 보고서와 논문을 쓰는 과정은 서로 크게 다르지 않다. 논문의 경우 보고서보다 훨씬 더 전문적이고 방대한 내용을 다루기 때문에 연구기간과 내용을 고려하여 주제 정하기와 자료수집과 정리 사이에 연구계획서 작성과정이 별도로 들어간다. 내용에 있어서는 독창성이 중시되는 논문에 비해 보고서는 객관성을 중시하는 특징이 있다. 어떤 종류의 보고서와 논문이라도 학술적 글쓰기는 대체로 다음과 같은 다섯 단계로 정리할 수 있다.

1. 주제 정하기

학술적 글쓰기에서 가장 중요한 것은 주제가 무엇인지 분명하게 파악하는 것이다. 보고서나 논문의 주제가 무엇이냐에 따라 자료수집의 범위도 달라지고 글의 구성도 달라질 수 있다. 무엇에 대해 쓸 것인지 분명하지 않을 경우 글의 구성과 논지는 산만해지기 때문에 가능하면 주제는 구체적으로 정해야 한다. 자료수집은 광범위하게 해야 하지만 주제는 최대한 범위를 좁혀 구체적으로 정한다. 간혹 자료수집 과정에서 처음 결정되었던 주제가 새로운 주제로 바뀔 수는 있지만, 자료수집의 범위를 정하기 위해서 주제를 정하고 나서 자료를 수집하는 것이 바람직하다.

해당 강좌의 성격에 따라 미리 정해진 주제에 관한 보고서를 작성해야 할 경우도 있지만 큰 범위 안에서 각자 자유롭게 주제를 정할 수도 있다. 그럴 경우 이미 많이 다루어진 보편적이고 식상한 주제는 피하고 새로운 접근과 시도를 해볼 필요가 있다. 제목만으로도 눈길을 끌 수 있는 보고서는 신선한 느낌을 주며, 새로운 발상과 시도는 학문의 발전을 위해서도 필요하다.

논문은 새로운 주제를 발굴하여 그것을 연구한 결과물이다. 따라서 새로운 것을 도출해내기 위해서는 선행 연구들에 대한 조사와 자료 분석을 철저하게 하고 지금까지 다루지 않았던 독창적인 관점이나 주제를 찾아내어야 한다. 학위논문의 경우 새로운 주제 발굴과 자료수집 그리고 선행 연구들의 분석에 상당한 시간이 걸리기도 한다. 학술논문이나 학술·연구보고서의 경우 새로운 관점 하나만으로도 충분히 의미 있는 시도로 평가될 수 있다.

2. 자료수집과 정리

학술적 글쓰기가 얼마나 성실하게 이루어졌는지는 자료 수집과 정리가 얼마나 충실하게 되었느냐에 따라서 결정된다. 주제와 관련된 정확한 자료를 수집하는 것이 보고서와 논문의 신뢰도를 확보하는데 중요하다. 넘쳐나는 정보의 홍수 속에서 믿을만한 정보와 자료를 구별해내는 데에 신중을 기해야 한다. 도서관의 문헌자료보다 손쉽게 접근할 수 있는 인터넷 검색은 학생들이 보고서의 자료 수집을 위해 가장 많이 이용하는 방법이다. 인터넷 검색의 경우 자료의 출처가 불명확한 것도 있고, 출처가 있더라도 그 내용이 믿을 수 있는지 알 수 없는 경우가 많다. 그런 자료를 자신의 글에 인용하는 순간 그 내용의 신빙성에 대한 책임은 작성자 스스로가 져야 한다. 그러므로 학술적인 글에는 인터넷 검색자료에 의존하는 것보다는 권위 있는 문헌자료를 이용하는 것이 바람직하다. 공인된 사이트라 하더라도 문헌에서만큼 전문적이고 깊이 있는 내용을 제공해주지는 않기 때문이다. 대학 도서관에서 연구 주제와 관련된 키워드로 필요한 문헌들을 쉽게 검색할 수 있다.

그러나 경우에 따라서 신문기사 등을 인용할 때에는 인터넷 검색이 더 간편할 수도 있다. 인터넷 검색으로 자료를 인용했을 경우에도 문헌의 경우와 마찬가지로 해당 사이트 주소를 반드시 밝혀 주어야 한다. 간혹 그림 자료나 도표 등을 인터넷 검색으로 인용할 경우가 있는데, 통계와 같이 수치로 표시되는 자료는 될 수 있으면 공인된 사이트에서 제공하는 가장 최신 자료를 인용하고 해당 블로그나 사이트의 로고가 들어간 사진은 인용하지 않는 것이 좋다. 또한 아무리 결정적인 내용이라 하더라도 관련 사이트의 화면을 통째로 복사해서 보고서에 그대로 사용하는 것은 표절과 도용의 위험성이 있기 때문에 피해야 한다. 답사 보고서나 실험 · 관찰 보고서일 경우 반드시 작성자가 직접 촬영한 사진을 사용해야 한다.

일차적인 자료수집이 끝나면 구성과 개요를 작성하고 이에 따라 필요한 항목에 사용될 문헌들과 자료들을 분류하기 위해 이차적인 자료정리가 다시 이루어져야 한다. 자료정리가 체계적으로 되어 있으면 있을수록 글쓰기는 쉽고 신속하게 진행될 수 있다.

3. 구성과 개요작성

수집된 자료들을 검토하면서 학술적 글의 체계를 구성하고 개요를 작성한다. 보고서와 논문의 구성은 일반적으로 서론, 본론, 결론으로 이루어진다. 각 부분에 들어갈 내용들을 간단하게 요약하여 먼저 전체 틀을 짜고, 각 부분에서 참고하고 인용할 문헌들을 항목별로 분류해둔다. 논리적인 구조로 이루어진 개요는 성공적으로 글을 쓰기 위한 기초 작업이다.

서론에서는 보고서와 논문을 쓰는 목적, 본문에서 다루고자 하는 문제제기, 연구방법 등을 제시한다. 본론에서는 문제의식에 대한 논리적인 전개를 위해 어떤 내용을 어떻게 구성해야 할지 대략 3-5개 정도의 항목으로 정리해서 분류한다. 각 항목마다 들어갈 내용을 간략하게 메모할 때, 수집한 자료의 정보와 개인적인 생각은 반드시 구분해서 적어 두는 것이 좋다. 결론에서는 이 보고서와 논문을 통해서 도출해낸 결과를 정리한다. 구성과 개요를 작성하면서 예상되는 몇 가지 결론을 미리 도출해보는 것도 글의 전체 틀을 견고하게 하는 좋은 방법이다.

4. 쓰기

작성된 개요에 따라 보고서나 논문을 작성하는 과정이다. 서론에서 제기된 문제를 본론에서 충분히 논증한 후에 결론에서 정리한다. 일반적으로 글쓰기 과정 중 서론쓰기가 가장 힘들다고 하는 사람들이 많다. 서론쓰기가 힘든 것은 사실이지만 서론을 이미 완성했다 하더라도 글쓰기 전개과정 중 서론이 수정될 수 있기 때문에 완벽한 서론을 쓰기 위해 많은 시간을 할애하거나 고심할 필요는 없다. 결론을 다 쓴 후에도 서론은 얼마든지 다시 다듬어질 수 있기 때문이다. 다시 말하면 글쓰기 과정의 시간적 순서에 얽매일 필요는 없다.

서론은 글을 이끌어내는 단계이기 때문에 쓰기가 그리 쉽지 않은 것은 사실이다. 그래서 개요를 작성할 때 서론 부분에 들어갈 내용들을 구체적으로 상세하게 메모해두면 서론쓰기의 고충을 어느 정도 극복할 수 있다.

서론에서 제기된 문제의식과 연구방법을 토대로 본론에서는 보고서의 핵심적인 내용을 기술한다. 본론의 서두에서는 일반적으로 역사적 배경과 배경적 지식이나 이론 등을 소개하여 본론에서 다루고자 하는 주제가 가지는 역사성을 확인한다. 그런 다음 보고서와 논문의 주제를 본격적으로 심도 있게 다루는데, 보고서의 종류에 따라 문헌연구의 내용, 설문조사, 실험결과 등의 내용을 풍부하게 기술한다. 권위 있는 문헌 자료의 적절한 인용을 통해 본론의 내용이 가지는 객관성을 높이고, 논리적 전개를 위해 도표나 그림 자료를 필요한 곳에 배치한다.

결론에서는 연구 결과로 얻어낸 것을 정리하여 기술한다. 또한 연구 결과를 토대로 예상되는 향후 전망과 앞으로의 과제 등을 제시하고, 이 보고서나 논문을 통해 얻을 수 있는 기대효과와 활용가능성을 제시하여 글의 완성도를 높이는 것이 바람직하다.

5. 수정하기

학술적 글쓰기를 실행한 후 전체적인 흐름이 논리적인 전개에 맞는지, 보완할 부분이나 삭제할 부분이 있는지 검토하는 과정이다. 성실하게 수정작업을 거친 글은 형식에서든 내용에서든 오류를 줄이고 완성도 높은 좋은 글로 인정받을 수 있다. 보고서와 논문을 작성한 후 서론에서 제기된 문제들이 본론에서 충분히 다루어졌는지, 결론에서 서론의 문제의식에 부합하는 결과가 도출되었는지 확인해야 한다. 내용의 전개가 논리적으로 이어지는지 살펴보는 것도 중요하다.

또한 내용뿐만 아니라 형식에서도 문제가 없는지 검토해야 하는데 형식에서 잦은 오류가 드러나면 글의 내용에 대한 신뢰가 떨어지기 때문이다. 특히 잘못된 맞춤법과 띄어쓰기는 컴퓨터상에서 오류가 지적됨에도 불구하고 수정되지 않고 그대로 작성되는 경우가 많은데, 내용과는 상관없이 성의 없는 인상을 줄 수 있으므로 꼼꼼하게 확인하고 수정해야 한다. 또한 주어와 술어의 부자연스러운 연결과 같은 기초적인 문법에도 문제가 없는지 검토해야 한다. 마지막으로 인용한 자료와 참고문헌이 형식에 맞게 기재되었는지 확인한다.

Ⅳ. 학술적 글쓰기의 형식

보고서와 논문의 논리성과 객관성 그리고 정확성은 글의 내용을 통해서 결정되며 형식적인 양식을 얼마나 잘 지켰는가에 의해서도 결정된다. 내용이 아무리 창의적이고 성실하게 작성되었다 하더라도, 형식을 지키지 않은 보고서와 논문은 좋은 평가를 받기 어렵다. 왜냐하면 대부분의 보고서와 논문은 형식을 규정하고 있기 때문이다. 보고서의 경우 간혹 자유로운 형식으로 작성하도록 허용된다 하더라도 기본적으로 갖추어야 할 형식의 구성요소가 있기 때문에 그것을 따르는 것이 좋다. 학위논문은 정해진 형식을 따르고 학술논문과 학술·연구 보고서를 포함하여 일반적인 보고서의 형식은 다음과 같다.

1. 표지와 목차

보고서의 표지는 보고서의 얼굴이라고 할 수 있다. 대학에서 제출하는 과제로서의 보고서라면, 표지의 내용은 제목-과목명-담당교수-제출일-소속-학번-이름이 순차적으로 들어가야 한다. 보고서의 얼굴이라고 해서 표지를 장식하는데 지나치게 에너지를 쏟을 필요는 없다. 불필요한 장식이나 지나치게 화려한 색채의 사용은 피하는 것이 좋다. 보고서의 분량이 많지 않을 경우 목차를 표지에 기재할 수도 있다.

* 보고서 표지의 사례

<table>
<tr>
<td>

동양사상의 관점에서 본
한국 노인복지의 현주소

과 목 명 : ○ ○ ○ ○
담당교수 : ○ ○ ○교수님
제 출 일 : ○○년○월○일
소 속 : ○ ○ 학과
학 번 : ○ ○ ○
이 름 : ○ ○ ○

</td>
<td>

동양사상의 관점에서 본
한국 노인복지의 현주소

목 차
Ⅰ. 문제제기
Ⅱ. 한국 노인복지의 현주소
1. 한국 노인복지의 실태
2. 한국 노인복지의 한계
Ⅲ. 동양사상을 바탕으로 하는 새로운 노인복지
1. 새로운 노인복지의 목표
2. 새로운 노인복지의 내용
Ⅳ. 결론
참고문헌

과 목 명 : ○ ○ ○ ○
담당교수 : ○ ○ ○교수님
제 출 일 : ○○년○월○일
소 속 : ○ ○ 학과
학 번 : ○ ○ ○
이 름 : ○ ○ ○

</td>
</tr>
</table>

보고서는 그 성격에 따라 분량이 달라질 수 있다. 최근에는 짧은 보고서에도 목차를 요구하는 경우가 많다. 그 이유는 문헌의 경우와 마찬가지로 목차를 통해 보고서의 전체 내용을 한눈에 파악할 수 있기 때문이다.

만일 보고서의 분량이 10쪽 미만이라면 한 페이지를 모두 목차에 할애하기 보다는 본문을 시작하기 전에 박스 처리로 목차를 간략하게 제시하는 것도 보고서의 내용을 전달하는데 효과적이다.

보고서 쓰기에 바람직한 글씨 형태는 대부분의 학술지에 사용되는 글씨체인 신명조체이며 글자크기는 10pt를 넘지 않도록 하고 줄 간 간격이나 여백 등은 문서작성의 기본 형식을 따른다. 목차의 글자크기는 목차를 어디에 싣느냐에 따라 달라지지만, 본문 글씨보다는 약간 작게 하는 것이 일반적이며 목차의 글씨체도 본문과 같은 신명조체를 유지하는 것이 좋다.

2. 본문

보고서와 논문의 본문은 일반적으로 서론, 본론 그리고 결론의 순서로 구성한다. 서론과 결론을 머리말과 맺음말, 또는 들어가는 말, 나오는 말 등으로 표기하기도 하고 서론 대신 문제제기로 시작하기도 한다. 본론은 몇 개의 항목으로 구성할 수 있기 때문에 본론이라는 말을 굳이 쓸 필요는 없다. 결론 뒤에는 본문에서 인용한 참고문헌들을 형식에 맞게 정리하여 쓴다.

본문 구성에서 주의해야 할 형식적인 면은 내용에 따라 적절하게 장과 절로 배분하여 논의의 균형을 맞추고 형식의 일관성을 유지하는 것이다. 본문의 항목을 구분하는 방식은 여러 가지가 있지만 일반적으로 수문자식, 숫자식, 장절식 등이 있다. 장절식은 일반적으로 장문의 글에서 각 내용을 나누어 구분할 필요가 있을 때 사용하는데 대학 보고서와 논문의 경우 대부분 수문자식이나 숫자식을 주로 사용한다.

1) 수문자식

보고서와 논문의 목차구성을 숫자와 문자를 혼합하여 사용하는 형식을 수문자식이라고 한다. 로마 숫자, 한글, 알파벳 등의 문자를 아라비아 숫자와 혼합하여 사용한다.

Ⅰ.
　가.
　나.
Ⅱ.
　가.
　나.
Ⅲ.
　가.
　나.

2) 숫자식

목차구성을 숫자로 하는 형식을 숫자식이라고 한다. 예를 들면 아래 표와 같이 숫자를 부호로 하여 목차를 구성하는 것을 말한다. 숫자식은 특히 글을 읽는 사람으로 하여금 전체 구조를 한눈에 파악할 수 있도록 하는 장점이 있다. 가장 많이 사용하는 숫자식은 다음의 두 가지 방법이다.

1.
  1.1
    1.1.1
    1.1.2
  1.2
    1.2.1
    1.2.2
2.
  2.1

1.
  1)
    ①
    ②
  2)
    ①
    ②
2.
  1)

* 외국어 인명, 작품, 기타 표기방법의 사례

보고서와 논문 등에서 문장부호를 정확하게 사용하고 외국어 인명과 문학작품이나 예술작품명을 올바로 표기하는 것도 중요하다. 모든 외국어는 한글 표기를 원칙으로 하고 있으며 영어와 한자는 모두 괄호 안에 넣는다. 다양한 문장부호나 외국어 인명 등의 표기는 다음의 원칙을 따르는 것이 일반적이다.

- 인명은 처음 한 번만 한글(원어)로 표기하고 두 번째부터는 한글로만 표기한다.
  예) 에리히 프롬(Erich Fromm)은...
  두 번째부터는 - 에리히 프롬(혹은 프롬)은...

- 한문이나 영문 등 외국어는 표준어로 지정된 한글로 표기하거나, 한글로 번역 혹은 음역하여 쓰고 원어는 모두 괄호 안에 넣는다.
  예) 온고지신(溫故知新), 타불라 라사(tabula rasa)

- 작품명 (그림, 조각 등의 미술작품, 시, 소설 등의 문학작품, 연극, 오페라, 영화, 노래), 전시회, 음악회는 〈 〉 기호를 사용한다.
  예) 〈최후의 만찬〉, 〈진달래꽃〉, 〈레미제라블〉, 〈강남스타일〉

- 책으로 출판된 한글 인쇄물, 신문, 잡지는 『 』를 쓴다.

- 인용문은 큰 따옴표(" ")로, 강조어구는 작은 따옴표(' ')로 구분한다.

- 말줄임표는 ......를, 인용문 사이의 말줄임표는 (중략), (줄임), (생략), (…)를 사용한다.

- 이니셜 사이는 간격을 두지 않는다. 예) K.H. Kim

- 괄호는 밖에서 마침표를 찍는다.
  예) 나는 그를 미워하지 않는다(사실 나는 그를 좋아한다).

- 연도와 페이지 수를 표기할 때, 전체를 다 명기한다.
  예) 1970-80년대(X), 1970-1980년대(O)
  pp. 145-57(X), 145-157(O)

3. 인용

보고서와 논문에서 적절하게 인용한 것을 밝혀 주註로 표기하는 일과 참고문헌을 정리해서 표기하는 일은 보고서와 논문의 내용만큼이나 중요하다. 보고서 쓰기가 학술적 글쓰기의 준비과정이라고 볼 때 학술적 글쓰기에서 반드시 요구되는 인용과 참고문헌의 올바른 사용과 표기는 보고서에서부터 신경 써야 할 문제이다. 학문의 윤리를 위해 자신의 입장이 아니거나 다른 곳에서 인용해 오는 경우, 인용출처를 반드시 표시해 주어야 하고, 참고한 자료들은 반드시 밝혀 주어야 한다.

인용을 할 때에는 그 인용문구가 충분히 인용할 가치가 있는 것이어야 하며, 또 반드시 필요한 경우에만 한다. 인용은 가능한 한 짧게 하고, 원문을 인용하는 것을 원칙으로 한다. 직접인용은 단어, 철자는 물론 구두점까지 원문과 동일하게 하는 것이 원칙이다. 인용은 한 문단 이내로 하는 것을 원칙으로 하며, 길어도 반 페이지 이상을 넘지 말아야 한다. 또한 인용이 긴 경우에는 저작권 침해의 가능성도 고려해야 한다. 직접인용이든 간접인용이든 다른 사람의 글을 인용하고도 그 출처를 밝히지 않으면 표절이나 저작권 침해라는 법적 문제를 야기할 수 있으므로 인용의 출처는 반드시 밝혀주어야 한다.

긴 원문을 그대로 직접 인용할 경우 한 줄을 띄어서 새로 한 단락을 구성하는 것이 일반적이고, 짧은 경우에는 큰 따옴표(“ ”)를 붙여서 본문 중에 넣는다. 간접 인용은 인용할 내용을 그대로 옮겨 적는 것이 아니라 작성자가 요약해서 신고자 할 경우를 말하는데 인용부호 없이 쓸 수 있으며 인용출처만 밝혀주면 된다. 그러나 원저자의 주장을 정확하게 전달할 수 있도록 해석하고 요약해야 하기 때문에 주의를 기울여야 한다. 재인용은 인용할 원본이 없어 부득이 하게 다른 사람이 인용한 글을 인용할 경우 각주에서 원본 출처를 반드시 밝히고 누구의 글에서 재인용했는지 밝히는 것을 말한다. 그러나 학술적인 글에서 빈번한 재인용은 바람직하지 않다.

＊ 인용의 사례

<직접인용의 예>
우리나라의 대동놀이는 대체로 길놀이 형식의 행렬을 1부로, 판 놀이로서의 굿 놀이가 2부로 펼쳐진다. 오늘날 제의의 난장판은 소멸되고 유럽처럼 행렬의 형식만 남게 되는 경향을 보이는데 행렬은 선행연희로서 축제의 가장 기본적인 형태라 할 수 있다. 그러나 축제든 대동놀이든 "세시행사가 고형일수록 행렬보다 겨루기와 난장에 치중된다."[23)]

<간접인용의 예>
이에 반해 김영나는 '해방이후 한국현대미술의 전개'라는 논문의 서두에서 서양 근대화를 수용하던 입장이었던 아시아의 여러 다른 나라들처럼 사실주의적 기법에 대한 관심에서 시작한 서양화 양식과 기법은 당시 쏟아져 들어오던 신문화의 하나로 받아들여졌다고 밝히고 있다.[24)]

<재인용의 예>
르네상스 화가들 중 다 빈치는 어느 누구보다 많은 드로잉작업을 했다. 비록 그의 드로잉 대부분이 회화 작품을 위한 준비 작업이나 습작의 성격이 강하지만 다 빈치는 드로잉이 단순히 자연을 재현하는 데 그치는 것이 아니라 거기에서 더 나아가 훨씬 더 많은 것을 이끌어내게 하는 놀라운 특성을 지닌 예술이라고 밝힌 바 있다.[25)]

---

23) 이상일, 「한국의 놀이문화: 대동놀이와 난장판 이론」, 『한국인의 놀이의식과 여가문화』, 서울: 집문당, 1997, pp. 60-99 중 p. 91.
24) 김영나, 「해방이후 한국현대미술의 전개: 전통과 서구미술 수용의 갈등 및 방향모색」, 『미술사연구』 제9호, (1995), pp. 291-313 중 p. 291.
25) Leonardo da Vinci, *Trattato della pittura*, 33, Walter Koschatzky, *Die Kunst der Zeichnung*, 9 Aufl., (München: Deutscher Taschenbuch Verlag, 1999), p. 7에서 재인용.

4. 주석註釋

주석은 인용한 자료의 출처를 밝히고, 글의 내용을 보충하거나 부연설명을 할 때 그리고 본문의 내용과는 별도로 참고할 내용이나 문헌을 소개할 때 삽입하는 내용을 말한다. 주석은 그 보고서나 논문의 신뢰성을 보여주는 척도이기도 하다.

주석에는 각 페이지 하단에 위치하는 각주脚註와, 글의 끝에 위치하는 미주尾註가 있다. 각주는 본문의 해당 페이지 하단에 있기 때문에 읽는 사람이 참조하기 쉬워서 학위논문이나 학술논문 그리고 학술적인 글에서 많이 사용된다. 대학에서 사용하는 텍스트는 대부분 각주로 처리되어 있다. 미주는 각주를 책의 맨 뒤에 모은 것인데 뒤로 넘겨보아야 하는 불편함이 있지만 주로 본문만 읽고자 하는 독자들에게는 편리하다.

보고서나 논문의 주석과 참고문헌의 표기방법은 각 학문분야의 관례와 양식이 있기 때문에, 일괄적으로 어느 한 양식을 택하라고 지정하기는 어렵다. 보고서의 경우에는 아래에 제시한 사례를 따라도 되지만, 논문의 경우 연구자가 속한 전공분야의 학회에서 제시하는 방법을 따라야 한다.

* 주석의 표기방법과 사례

- 도서명과 논문명, 학술지 및 잡지명 표기는 한글 문헌과 외국어 문헌에 따라 표기방법이 다르고 학회마다 조금씩 다르다. 일반적으로 국내도서와 학술지는『』로, 논문은「」로 표기하고, 외국 도서와 학술지, 잡지 등 도서명은 전부 이탤릭체로 표기하고 논문은 " "를 사용한다. 정확한 형식은 해당 학회의 논문작성 규정에 따르면 된다.
- 각주는 어구의 오른쪽 상단에 표시하고 그 내용은 각 페이지 아래 부분에 오게 한다.
- 인용한 문헌에 대한 정보는 아래 표의 순서와 형식으로 표기한다.
- 인용한 페이지는 '쪽' 혹은 페이지를 나타내는 'p.'로 표기한다. 최근에는 모두 생략하고 페이지 수만 적기도 한다. 인용한 것이 여러 페이지 일 경우 'pp.'로 표기한다. 예) 15쪽. p. 15. pp. 15-16.
- 번역서일 경우 '역주', '옮김', '역' 등의 표기는 책에 표기되어 있는 대로 한다.
- 인용한 문헌에 대한 정보는 최초 한번만 모두 명기하고 이후 앞에서 인용한 책이나 논문을 다시 인용할 경우 저자, '앞의 책'(논문일 경우 '앞의 논문') 혹은 책과 논문을 포괄하는 의미의 '앞의 글'로 줄여서 적고 인용한 페이지를 쓴다.
- 인용한 논문의 경우 게재된 논문의 페이지를 전부 표기하여 논문의 분량을 알려주는 것이 바람직하다. 그리고 그 중에서 인용한 페이지를 표기한다.

- 단행본(번역서): 저자이름, 『도서명』(영문은 이탤릭체), 번역서일 경우 역자 이름, 출판도시: 출판사, 발행연도, 페이지.
- 논문: 저자이름, 「논문제목」(영문은 " "), 『학술지(잡지)명』(영문은 이탤릭체), 권(호)(영문은 No. 혹은 Vol.) (출판연도), 논문 게재 페이지와 인용 페이지.

예) 정병모, 『민화』, 파주: 돌베개, 2012, p. 55.
두보, 『두보시선』, 이종한 역주, 대구: 계명대학교출판부, 2000, p. 20.
김은희, 「괴테의 색채론 연구」, 『미술사연구』 제9호 (1995), pp. 105-134 중 p. 125.
Sylvia Martin, *Video Art*, (Köln: Taschen, 2006), p. 17.
Martin Royalton-Kitsch, "Rembrandt's Sketches for His Drawings", *Master Drawings*, Vol. XXVII (1989), pp. 128-145 중 p. 130.

〈각주의 예〉

1) 두보, 『두보시선』, 이종한 역주, 대구: 계명대학교출판부, 2000, p. 25.
2) 정병모, 『민화』, 파주: 돌베개, 2012, p. 67.
3) 두보, 앞의 책, p. 78.
4) 위의 책, p. 79.
5) 정병모, 앞의 책, pp. 25-26.
6) 김은희, 「괴테의 색채론 연구」, 『미술사연구』 제9호 (1995), pp. 105-134 중 p. 110.
7) 위와 같음. - 각주 6)과 같을 경우

5. 참고문헌

참고문헌은 보고서와 논문을 다 쓴 후에 자신이 참고한 책이나 논문, 기사 등을 일목요연하게 기재하여 글의 객관성과 신뢰성을 확보하기 위해 보고서 끝에 반드시 들어가야 한다. 어떤 주제를 다루든지 보고서와 논문은 기본적으로 그 주제에 관한 다양한 논의를 바탕으로 이루어지기 때문에 참고문헌의 표기는 어떠한 논의 속에서, 어떠한 자료를 참고하여 이 연구가 이루어졌는지 밝혀주는 것이다.

참고문헌에는 본문에서 인용했거나 주註에 표기했던 모든 자료들을 기재해야 한다. 참고문헌의 표기는 저자 이름, 도서명, 출판도시, 출판사, 발행연도순으로 한다. 외국어 문헌이 있을 경우, 한글 문헌을 저자 이름의 가나다순으로 먼저 나열하고 외국어 저자의 이름을 알파벳순으로 정리한다. 주에서 외국어 문헌의 저자의 이름은 이름과 성 순서로 쓰지만 참고문헌에서는 반드시 성을 먼저 쓰고 반점(,)을 찍고 이름을 기재해야 하므로 주의해야 한다. 한글 번역서일 경우에는 주와 참고문헌에 성과 이름 구분 없이 그대로 쓴다. 보다 자세한 주와 참고문헌의 표기방법에 대해서는 다음의 사례를 참고하면 된다.

* 참고문헌의 표기방법과 사례

- 참고문헌은 한글 문헌과 외국어 문헌의 순서로 기재하는데, 한글 문헌은 저자 성의 가나다순으로, 외국어 문헌의 경우 단행본이나 논문의 저자는 주의 표기와는 달리 저자 성의 알파벳순으로 기재한다.
- 참고문헌은 단행본, 잡지, 논문, 등을 구분하지 않고 가나다순과 알파벳순으로 기재하는 것이 일반적이다.
- 인터넷이나 온라인 자료를 인용하거나 참고하였을 경우 저자, 글의 제목, 사이트 주소, 검색날짜 등 출처를 최대한 정확하게 제공한다.

〈한글 문헌〉

- 단행본: 저자, 『도서명』, 번역서일 경우 역자, 출판도시: 출판사, 발행연도.
- 논문: 저자이름, 「논문제목」, 『학술지(잡지)명』 권(호) (출판연도), 논문 게재 페이지.

〈외국어 문헌(저자 성, 이름 순서에 주의)〉

- 단행본: 저자(성, 이름), 도서명(이탤릭체), 출판도시: 출판사, 발행연도.
- 논문: 저자(성, 이름), "논문제목", *학술지(잡지)명(이탤릭체)* No. 혹은 Vol. (출판연도), 논문 게재 페이지.

〈인터넷이나 온라인 자료〉

- 저자가 있을 경우 이름, 자료 제목, 사이트 주소와 검색일자를 포함하여 논문에 준하는 규정으로 표기한다.

예) 김은희, 「괴테의 색채론 연구」, 『미술사연구』 제9호 (1995), pp. 105-134.
두보, 『두보시선』, 이종한 역주, 대구: 계명대학교출판부, 2000.
정병모, 『민화』, 파주: 돌베개, 2012.
Martin, Sylvia, *Video Art*, Köln: Taschen, 2006.
Royalton-Kitsch, Martin, "Rembrandt's Sketches for His Drawings", *Master Drawings*, Vol. XXVII (1989), pp. 128-145.
「외규장각의궤 의궤 이야기」, 국립중앙박물관,
http://uigwe.museum.go.kr/story/story (2016년 1월 11일 검색).

| 연습문제 |

* 담당교수가 제시하는 주제에 대해 보고서의 형식에 맞게 구성과 개요를 작성해보시오.

예 1) 유토피아에 대한 비전

예 2) 지구환경과 생명윤리

3 셋

말하기

발표하기

Ⅰ. 발표의 목적

발표는 말하기 위주의 발표와 시각자료를 활용하는 말하기로 구분할 수 있으며, 의사소통을 목적으로 한다. 의사소통은 '말하는 사람, 전달하려는 내용, 듣는 사람'의 세 가지 요소로 구성된다. 성공적인 발표를 위해서는 세 가지 요소를 충분히 고려해서, 내용을 준비하고 실행해야 한다. 발표를 잘하기 위해서는 말을 잘하는 것이 중요하다. 그러나 여기서 말을 잘하는 것은 단순한 화술로만 충족되지 않는다. 전달하려는 내용을 성실하게 준비하는 과정이 필요하다. 말을 잘하는 것과 내용을 잘 준비하는 것 못지않게 듣는 사람의 호응을 끌어내는 능력도 중요하다. 듣는 사람의 호응과 반응은 발표의 성공 여부에 결정적인 요인이라고 할 수 있다.

그러므로 성공적인 발표를 위해서 사전에 듣는 사람들의 특징을 파악하고, 그들의 수준과 요구에 맞는 발표 내용을 준비해야 한다. 일반적으로 말하기 위주의 발표는 준비를 위한 시간이 주어지지 않는 경우가 많다. 그러나 프레젠테이션과 같은 시각자료를 활용하는 말하기에서는 사전 준비를 통해서 듣는 사람들의 관심과 집중을 끌어낼 수 있는 특수기법이나 동영상자료를 이용하는 것도 효과적이다.

오늘날 현대인에게 발표 능력은 중요한 의미를 가지고 있다. 대부분의 기업들은 프레젠테이션과 같은 발표 능력을 갖춘 인재를 선호하고 있다. 발표 능력은 성공적인 직업생활을 위해서뿐만 아니라, 소통하는 삶을 위한 기초적인 능력이기도 하다. 그러나 사회적인 요구는 높은 데 반해 제대로 된 발표 능력을 갖춘 인재는 드물다. 그리고 발표 능력을 발전시킬 수 있는 교육 기회가 충분하지 않은 것도 현실이다.

하지만 자신이 타고난 능력을 갖추지 못했다고 실망할 필요는 없다. 발표 능력은 타고난 화술에만 의지하는 것은 아니다. 성공적인 발표를 위해서는 꾸준히 발표 기술을 익히고, 발표를 위한 사전 준비를 철저하게 하는 노력이 필요하다.

Ⅱ. 발표의 단계

시각자료를 활용하는 발표인 프레젠테이션의 효과를 높이기 위해서는 단계적으로 작업하는 것이 바람직하다. 먼저, 발표의 목적을 파악한다. 목적에 따라서 준비할 자료와 구성할 내용이 달라지기 때문이다. 다음으로는 준비 단계를 거쳐야 한다. 준비 단계에서는 발표와 관련되는 다양한 사항들을 파악하고 분석한다. 듣는 사람이 누구인지 파악하고, 발표장의 조건과 발표 시간 등도 검토한다. 청중들이 가지고 있는 특징은 발표 내용을 구성하는 데 직접적인 영향을 미치는 요소가 되기 때문에 준비 단계에서 일차적으로 파악해야 할 부분이다.

그 다음 단계는 발표의 실행이다. 실행 단계에서는 준비한 자료와 정보를 활용하여 전달 효과를 극대화하는 것이 목표이다. 마지막 단계는 발표의 마무리이다. 준비한 발표를 함으로써 그냥 마무리가 되는 것은 아니다. 실행 단계에서 경험한 내용들을 검토하고, 청중들의 반응을 분석하는 작업이 필요하다. 발표의 단계를 그림으로 그리면 다음과 같다.

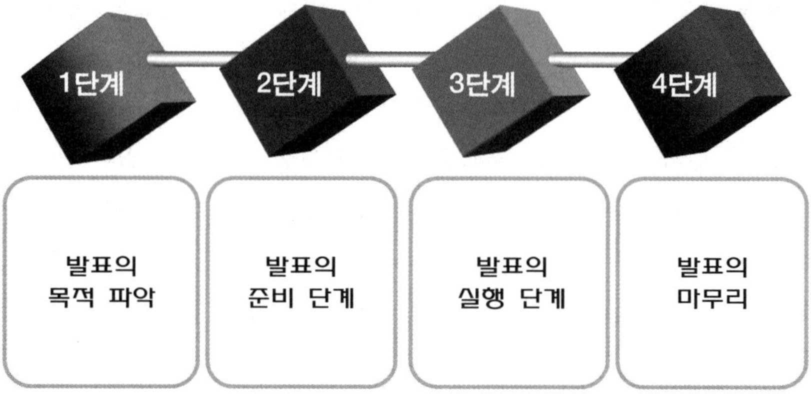

〈그림 1〉 발표의 단계

다음에서는 발표의 각 단계에서 지켜야 할 원칙을 자세히 살펴보도록 하자.

1. 발표의 목적 파악

발표의 목적에 따라서 사용할 자료, 강조할 부분, 활용할 기법을 다르게 구성할 수 있다. 발표할 내용이 아무리 좋아도 목적과 부합하지 않다면 의미가 없다. 그러므로 선행되어야 할 일은 발표의 목적을 분명하게 파악하는 것이다. 일반적으로 발표의 목적은 정보제공을 목적으로 하는 경우와 설득을 목적으로 하는 경우로 나누어진다. 목적에 따른 발표 구성의 기본 원칙을 살펴보자.

1) 정보제공을 목적으로 하는 발표

정보제공을 목적으로 하는 발표의 핵심은 청중들이 필요로 하는 정보를 전달해 주는 것이다. 이 경우 청중들이 발표에서 얻고자 하는 것이 매우 분명하다. 그러므로 준비 과정에서도 목적에 부합하는 정보를 수집하는 것이 중요하다. 정보제공을 목적으로 하는 발표의 종류는 리포트, 논문 발표, 기획서 발표, 교재 요약 발표 등이 있다.

2) 설득을 목적으로 하는 발표

설득을 목적으로 하는 발표는 청중들에게 어떤 동기를 부여하거나 행동을 유발하는 것이 목적이다. 이 경우 발표의 승패에 가장 결정적인 요소는 청중들의 공감대를 형성해 내는 것이다. 목적을 달성하기 위해서 발표자는 청중들의 신뢰를 얻어내야 한다. 청중들의 신뢰는 성공적인 발표 자체로 얻을 수도 있고, 발표자의 능력과 명성 그리고 지위 등을 통해서 확보할 수도 있다. 설득을 목적으로 하는 발표의 종류는 강연, 교육, 상품 광고, 홍보, 토론에서 입장 발표 등이 있다.

2. 발표의 준비 단계

발표의 성공 여부는 준비 단계에서 얼마나 성실하게 준비하느냐에 따라서 결정된다. 다음 사항들은 발표의 목적과 성격에 관계없이 공통으로 준비해야 할 사항들이다.

- 자료 조사
- 청중 분석
- 발표장 사전 점검
- 발표 시간 파악
- 예행 연습
- 발표 내용 재확인

3. 발표의 실행

발표를 실행할 때는 자연스러움을 유지하면서 준비한 내용에 대한 전문성을 인정받는 것이 중요하다. 발표 자체에 너무 긴장해서 암기한 내용을 외우듯이 말하는 것은 바람직하지 않고, 자료를 읽는 방법은 절대 피해야한다. 발표에서 어떤 원칙을 지켜야 할지 자세히 살펴보면 다음과 같다.

- 성실한 발표
- 내용에 대한 전문성 확보
- 발표에 대한 자신감
- 최선을 다하는 자세

4. 발표의 마무리

발표의 마무리는 발표의 실행이 아니라, 발표에 대한 평가이다. 평가는 발표자와 청중이 함께 할 수 있다. 일반적으로 발표가 얼마나 성공적인가는 청중들의 반응을 중심으로 평가하지만, 더욱 중요한 것은 스스로 평가를 통해서 더 발전적인 발표를 위한 전략을 짜는 것이다. 한 번의 발표로 뛰어난 실력을 발휘할 수 있는 타고난 능력을 가진 사람은 많지 않다. 그러므로 끊임없이 발표 능력을 개선하기 위한 노력을 하는 것이 성공적인 발표의 결정적인 요인이 된다.

Ⅲ. 발표 내용 작성

1. 전략서 작성

발표 전략서 작성은 일반적인 글쓰기에서 가장 먼저 하는 개요를 작성하는 것과 동일하다. 글의 길이가 짧든 길든 전체적인 개요를 구성하지 않고 글을 써나

가면 좋은 글을 쓰기는 쉽지 않다. 따라서 발표의 내용을 구성할 때도 먼저 전체 틀을 짜고 다음으로 세부적인 내용을 덧붙여나가는 방식으로 작성한다.

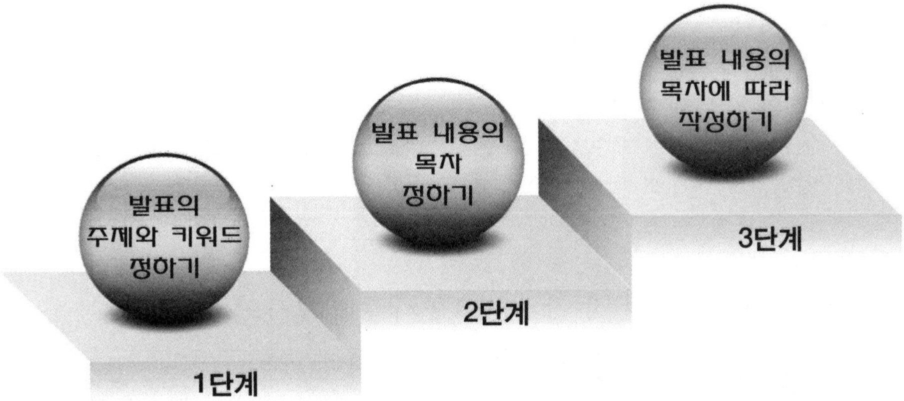

〈그림 2〉 발표 전략서 작성 단계

전략서를 작성하면, 내용에 따라서 분량을 적절하게 배분할 수 있고 전체 내용의 흐름도 체계적으로 구성할 수 있다. 발표 전략서 작성 단계에 따라서 실습을 해보자.

☞ 아래 사례를 참고하여, 발표 주제와 주제어 그리고 제목을 작성해 보시오.

사례	연습
〈주제〉 (1) 현대사회의 웰빙 현상에 대한 분석과 문제점에 대한 연구 (2) 잘 사는 것은 어떤 삶이며, 무엇을 추구해야 하는가에 대한 문제의식 〈주제어〉 웰빙, 현대인의 삶 〈제목〉 장자의 소요유와 현대의 웰빙	

☞ 발표 자료의 목차를 작성해 보시오.

사례	연습
<목차> 1. 문제제기 2. 웰빙 트렌드의 형성과 한국적 상황 3. 현대사회의 웰빙, 문제점 4. 장자 소요유에 나타난 웰빙 5. 장자 웰빙관의 현대적 함의	

☞ 발표 내용에 따라서 각 장의 개요를 구성해 보시오.

사례	연습
1. 문제제기 – 웰빙(Well－Being) 트렌드 – 웰빙 트렌드의 배경 2. 웰빙 트렌드의 형성과 한국적 상황 – 대중매체의 홍보와 기업의 전략적 상업화에 의한 대중화 – 소비양식의 변화 – 새로운 여가문화의 영향 3. 현대사회의 웰빙, 문제점 – 주체의 결여 – 소비자향적·상품화 – 웰빙의 목표＝현대적 가치 달성 4. 장자 소요유에 나타난 웰빙 – 현대사회의 웰빙 – 장자의 웰빙 5. 장자 웰빙관의 현대적 함의 – 새로운 웰빙모델 제공 – 자기 초월적인 존재로서의 웰빙에 대한 관점 제공 – 낙도樂道라는 미래적인 웰빙모델 제시	

위와 같이 전략서를 구성하면, 전체 내용에서 핵심적인 부분을 파악하기 쉽고 각 부분별로 분량을 어느 정도 작성할 것인지 정확하게 판단할 수 있다. 전략서 없이 바로 작성하면, 작성을 마친 후에 다시 분량을 조정해야 하거나 내용상 꼭 필요한 부분을 포함시키지 못하는 오류를 범할 수 있다. 그러므로 다른 글쓰기에서 개요 작성이 중요한 것과 같이 발표를 멋지게 하기 위해서도 전략서 작성이 중요하다.

2. 내용 작성과 사례

발표 전략서를 작성한 후에는 그에 따라서 구체적인 발표 자료를 작성한다. 좋은 발표를 위해서는 발표의 목적에 맞는 내용을 잘 준비하는 것이 관건이다. 일반적으로 쉽게 범할 수 있는 여섯 가지 오류를 통해서 프레젠테이션 자료 작성에서 유의할 점을 살펴보자.

1) 표지 작성하기

표지는 발표의 전체 이미지를 결정하는 중요한 요소이다. 제목을 분명하게 제시하고 발표자를 명기해야 한다. 발표를 시작하고 발표자 소개를 하는 동안, 청중들의 시선이 표지에 주목되기도 한다. 따라서 표지는 발표의 전체적인 첫인상을 결정하는 페이지이므로 정확하고 깔끔하게 구성해야 한다.

잘된 사례	잘못된 사례
	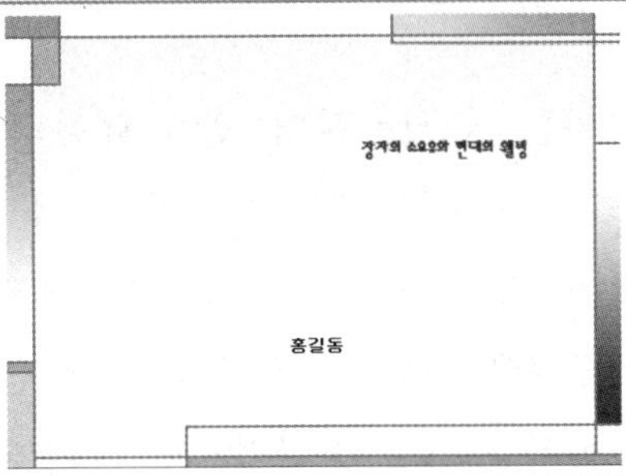

표지를 작성할 때, 발표자의 이름과 제목을 작은 글씨로 표시해서는 안 된다. 잘된 사례를 보면, 발표 내용을 한 눈에 이해할 수 있도록 제목이 큰 글씨로 작성되어 있다. 그리고 발표자의 소속을 첫 화면에서 제시함으로써 신뢰도를 높일 수 있다. 잘못된 사례와 같이 발표자에 대한 정보가 없을 경우, 아직 미완성의 자료로 평가될 수도 있으며 전체적인 신뢰도가 떨어질 수 있다. 표지는 발표 내용의 얼굴이라는 점을 기억해야 한다.

2) 목차 작성하기

목차는 전체 구성이 복잡한 자료에 대한 안내가 필요할 경우에 사용한다. 그리므로 발표 내용이나 분량이 많지 않는 짧은 프레센테이션에서는 목차를 제시하고 검토할 필요가 없다. 다만 발표의 전체적인 구성이 어떻게 되고 무엇을 어떤 순서로 발표할 것인지에 대한 소개를 선행해야 한다. 소개말 없이 바로 본론으로 들어가면 발표의 전문성도 떨어지고, 전달 효과도 낮아진다.

잘된 사례	잘못된 사례
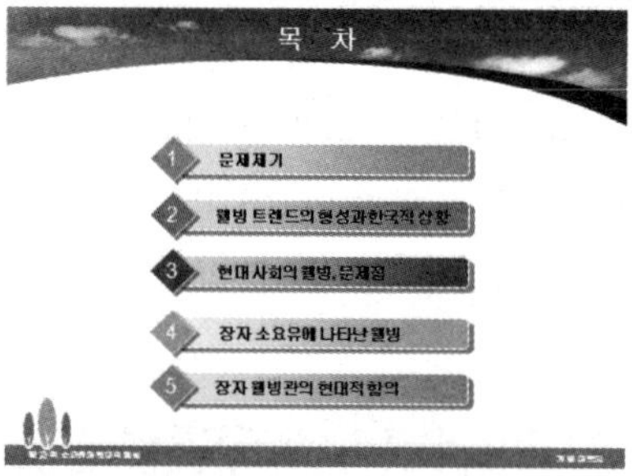	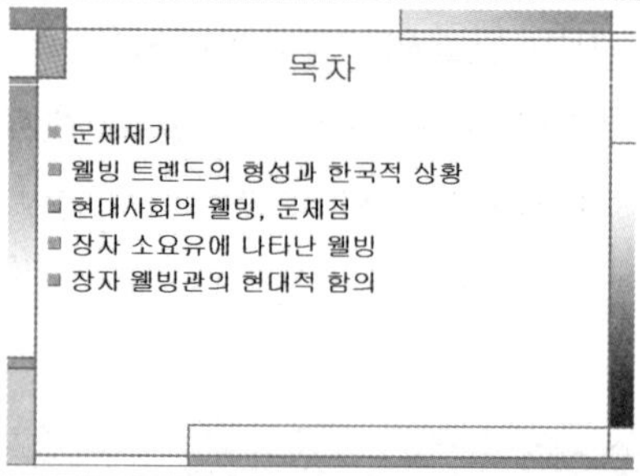

목차를 잘 활용하면, 발표 내용의 핵심을 먼저 전달할 수 있고 청중들이 전체 내용을 파악하는 데도 도움을 준다. 목차 작성에서 주의할 점은 내용의 체계를 잘 보여주도록 구성하는 것이다. 잘된 사례를 보면, 숫자로 각 장을 표시함으로써 전체 구성을 일목요연하게 파악할 수 있도록 도움을 준다. 그러나 잘못된 사례와 같이 목차를 그냥 병렬적으로 늘어놓기만 한다면, 전체 체계를 이해하는 데 도움

을 주지 못한다.

3) 장과 절의 범주 구분하기

발표 자료를 작성할 때, 화면마다 어떤 내용을 담고 있는지를 한눈에 파악할 수 있도록 구성해야 한다. 이 목적을 달성하기 위해서는 장과 절을 명확하게 구분해 주어야 한다. 그리고 한 화면에서만이 아니라, 전체 자료에서 장과 절의 표현 형식에 통일성과 일관성을 유지하는 것이 바람직하다.

잘된 사례

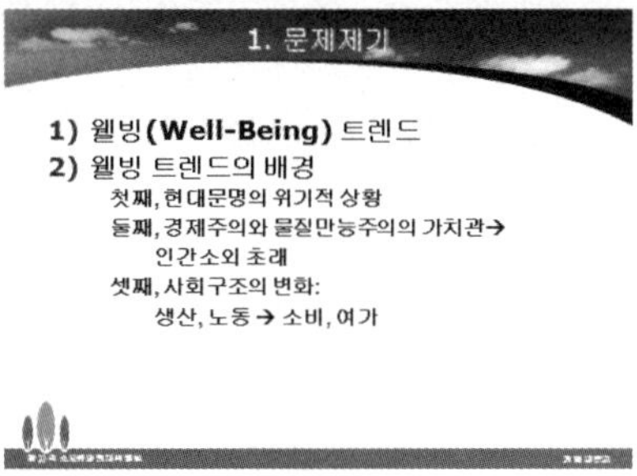

잘못된 사례

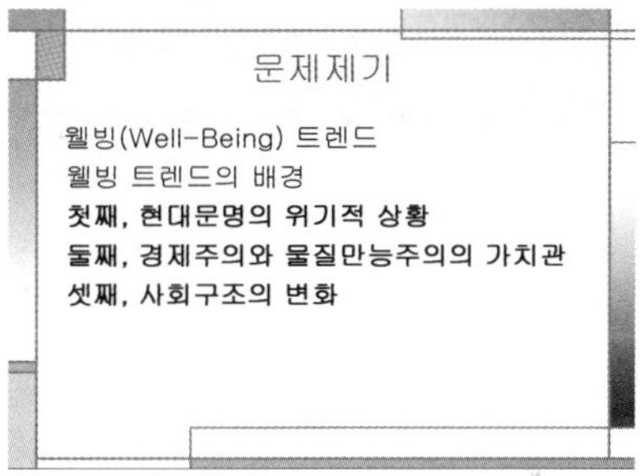

위의 화면은 논문의 문제제기 부분을 작성한 것이다. 주제의 문제의식이 체계적으로 정리되어있다. 이 한 페이지의 화면을 통해서 문제제기에서 웰빙 트렌드를 살펴보고, 웰빙 트렌드의 배경을 살펴본다는 것을 알 수 있다. 이 자료와 같이 글자의 크기 및 색깔 등으로 장과 절의 범주를 구분하여, 프레젠테이션의 효과를 높일 수 있다.

잘못된 사례에서는 장의 표시가 빠져있다. 장의 숫자가 표시되어 있으면, 전체 자료에서 지금 화면이 차지하는 위치를 알 수 있도록 도와준다. 이 자료에서는 절의 내용과 세부 항목을 구분할 수 없도록 같은 글씨 크기로 작성했다. 세 가지 세부 항목은 '웰빙 트렌드의 배경'에 속하는 것이므로, 글씨 크기를 작게 하고 글자색을 다른 것으로 작성하면 내용 전달을 더욱 체계적으로 할 수 있다.

4) 본문 작성하기

발표 자료는 원칙적으로 핵심적인 내용을 요약하여 제시해야 한다. 자료는 청중들이 읽고 이해하도록 구성하기 보다는 눈으로 보고 이해할 수 있도록 작성해야 한다.

잘된 사례	잘못된 사례
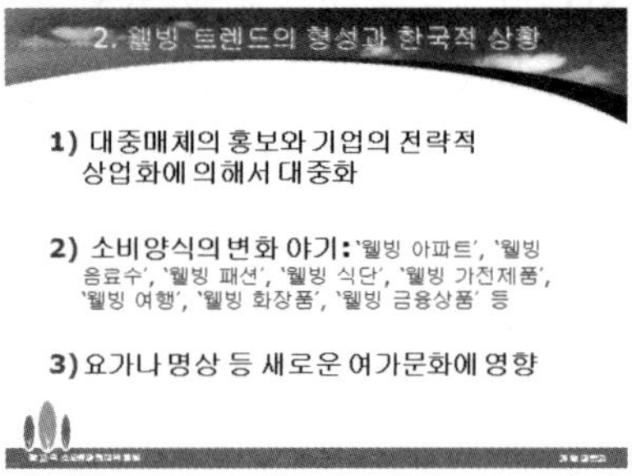	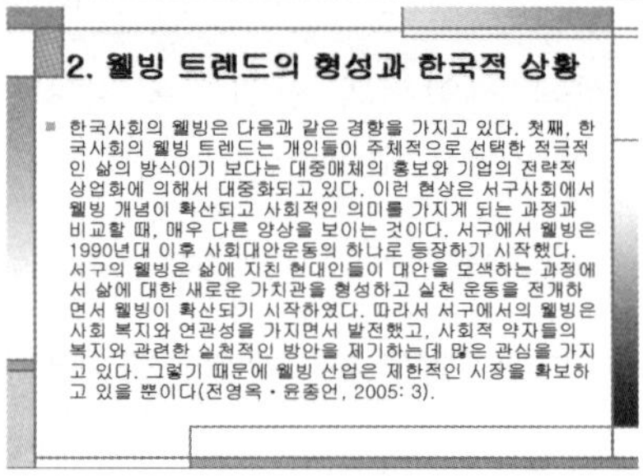

프레젠테이션에서는 서술형의 표현보다는 요약형의 표현이 바람직하다. 위의 화면에 구성된 내용도 완전한 문장을 구성하기 보다는 요약형으로 정리했다. 이렇게 요약한 내용을 프레젠테이션을 할 때 발표자가 부가적인 설명을 추가하여 전달하는 것이 효과적이다. 프레젠테이션 자료에서 완전한 문장으로 표현하면, 시각적으로 복잡한 느낌을 줄 수 있고 핵심 내용을 전달하는 데 실패할 가능성이 높다.

5) 표나 그림 작성하기

발표에서 사용할 수 있는 자료는 일반적인 글쓰기와 마찬가지로 다양하다. 발표에서 표나 그림 등으로 구체적인 자료를 제시하면, 청중들을 집중시킬 수 있는 효과를 극대화할 수 있다. 그리고 정확하고 신뢰도가 높은 자료를 활용할 경우에는 발표 효과가 더욱 커진다. 통계자료, 신문기사 등 최근의 객관적인 자료를 활용하면 발표하는 주장의 신뢰도를 한층 더 높일 수 있다. 이와 같은 자료를 사용할 때 유의할 점은 출처를 분명하게 제시하는 것이다. 정확한 출처를 제시하여 발표 자료의 객관성을 확보하면 발표 목적을 달성하기가 용이하다.

잘된 사례

잘못된 사례

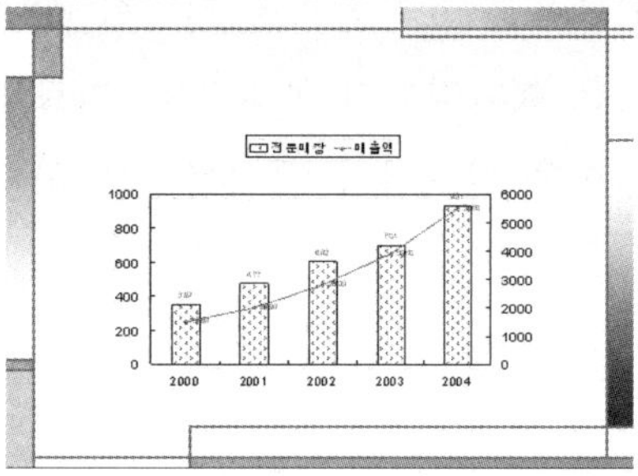

위의 자료는 발표에서 표나 그림 등 참고자료의 사용에 대한 사례를 보여주고 있다. 일반적으로 제시되어야 할 부분은 자료의 작성 연도, 출처, 작성자, 단위 등이다. 자료에 대한 정보는 작은 글씨로 기술하고, 매우 결정적인 자료라면 발표할 때 출처 등을 강조하면서 발표하면 효과적이다. 잘못된 사례의 경우, 제목과 그래프의 단위 및 자료의 출처를 제시하지 않은 오류를 범하고 있다.

6) 글자보다는 그림으로 보여주기

발표 자료를 문자로만 작성하기보다는, 표나 그림을 이용하면 효과적으로 메시지를 전달할 수 있다.

잘된 사례

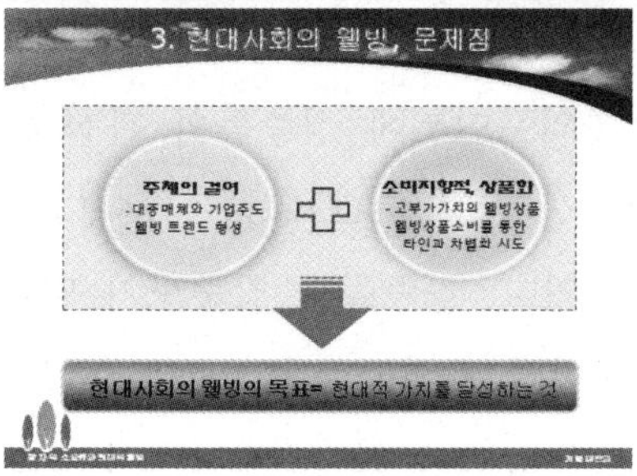

잘못된 사례

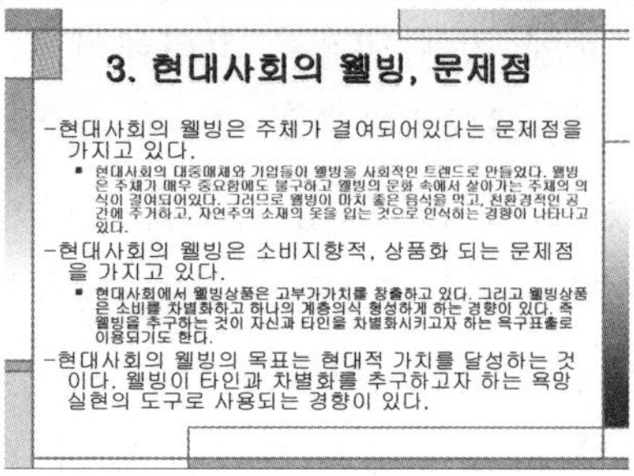

프레젠테이션은 대부분 다수의 청중을 대상으로 하는 경우가 많다. 그러므로 내용을 문장형의 글로 구성하면 청중들의 집중과 흥미를 유발하기가 쉽지 않다. 서술형보다는 요약형으로, 문장보다는 그림이나 표로 표현하면 제한된 자료를 통해서 내용을 효과적으로 전달할 수 있다. 한 화면에서 너무 많은 내용을 제시하는 것은 효과적이지 못하므로, 자료의 화면에는 핵심이 되는 내용만 제시하고, 세부 사항은 발표자가 풀어서 설명하는 것이 효과적이다.

Ⅳ. 발표의 방법

1. 자료 구성하기

1) 특수기법

발표의 효과를 높이기 위해서 프레젠테이션 자료를 작성할 때, 다양한 특수기법을 활용해보자. '차트와 표', '애니메이션', '포인트 옵션' 등 특수기법을 활용하면 프레젠테이션의 효과를 높일 수 있다.

첫째, 차트와 표를 활용하는 방법이다. 차트와 표를 활용하여 자료를 제시하면 청중들의 시선을 집중시킬 수 있고, 내용 전달의 효과를 최대화할 수 있다. 그러나 지나치게 많은 차트와 표로 내용을 구성하면 오히려 집중도가 떨어질 수 있기 때문에 전체 내용을 고려해서 적절한 분량을 배치하는 것이 중요하다.

둘째, 애니메이션을 활용하는 방법이다. 파워포인트에 청중들의 관심을 집중시키는 효과적인 방법 가운데 하나가 애니메이션 기능을 활용하는 것이다. 이 기능을 활용하면 내용을 생동감 있게 전달할 수 있고, 청중들의 집중도가 떨어지지 않게 주위를 환기시키는 기능도 한다. 애니메이션 효과는 '나타내기', '강조하기', '사라지기' 등 청중의 시선을 끌 수 있는 다양한 방법이 있다. 애니메이션 효과를 높이려면, 전체 자료에 통일성을 유지하고 빈번하게 애니메이션 효과를 사용하는 것은 피한다.

셋째, '포인트 옵션'을 활용하는 방법이다. 파워포인트로 자료를 보여줄 때, '포인트 옵션' 기능을 사용하면 청중의 집중도를 높이는 데 효과적이다. '포인트 옵션' 기능에는 '볼펜', '사인펜', '형광펜' 기능이 있다. 이 기능들은 이미 작성된 파워포인트 자료 위에 설명을 쓰거나 밑줄을 긋는 등 강조하거나 주위를 집중시키는 데 사용한다. 발표를 듣기만 해야 하는 청중들에게 실시간 자료에 대한 강조점을 부각시켜주는 이 기능은 발표에 대한 흥미를 유발할 수 있는 좋은 방법이다.

2) 동영상자료

발표의 효과를 극대화하는 데는 동영상자료를 활용하는 것도 좋은 방법이다. 동영상자료를 활용하면, 어떤 자료보다 청중들의 집중도와 흥미를 높일 수 있다. 동영상자료는 청중들의 관심을 끌기 쉬운 도구일 뿐만 아니라, 강한 이미지를 형성하는 데도 영향을 미친다. 따라서 동영상자료를 사용할 때는 발표 주제에 합당한 자료를 구하는 것이 선행되어야 한다.

동영상자료의 사용방법은 파워포인트의 '삽입'에서 '동영상 및 소리'를 선택하고 준비한 자료를 링크하면 된다. 요즘은 동영상자료 사용이 간단할 뿐만 아니라 자료가 풍부하기도 하다. 그러나 동영상자료의 효과를 기대하여, 전체 발표에서 동영상자료의 비중을 너무 크게 잡는 것은 잘못된 선택이다.

2. 효과적으로 전달하기

발표를 할 때 언어적, 반伴언어적, 비非언어적 표현을 적절하게 사용하면 발표 내용을 효과적으로 전달할 수 있다.

1) 언어적 표현

발표를 할 때에는 발음을 분명하게 해야 한다. 글씨를 바르게 쓰지 않으면 독자가 글을 읽기 어려운 것과 마찬가지로 발표자가 부정확한 발음으로 발표를 하면 청중이 발표 내용을 제대로 이해하기가 어려워진다. 대개 발음이 부정확한 사람을 보면 입을 거의 열지 않고 말하고 있음을 확인할 수 있는데, 발표자는 입을 크게 벌리고 얼굴 근육을 좀 더 적극적으로 활용하는 것만으로도 발음의 정확성을 높일 수 있다. 특히 시각 자료가 없는 발표 상황에는 발표자의 음성만으로 발표 내용을 모두 전달해야 하므로, 정확한 발음을 구사하는 것이 상당히 중요하다.

발표를 할 때에는 가급적 표준어와 표준 발음을 구사해야 한다. 비표준 발음으로 말하면, 동일한 지역의 화자가 아닌 청중은 발표자가 하는 말을 이해하는데 어려움을 겪을 수 있다. 특별히 장음과 단음을 잘 구별해서 말하는 것도 중요하다. 예를 들어, '사학史學'에서는 '사'를 길게 발음하고, '사학私學'에서는 '사'를 짧게 발음해야 한다. 그런데 최근 들어 장단음을 잘 구별하지 않고 말하는 경우가 많아서 의미 전달에 문제가 생기기도 한다.

발표를 할 때에는 '어, 음, 그러니까, 근데' 등과 같은 불필요한 채움말을 쓰지 않도록 주의할 필요가 있다. 채움말을 지나치게 많이 사용하면 청중은 발표자가 말하고자 하는 내용에 집중하기 어려워진다. 발표자는 발표를 하다가 그 다음에 해야 할 말이 떠오르지 않는다면, 채움말을 사용하는 대신에 잠깐 여유를 갖고 심호흡을 하거나 청중을 향해 질문을 하는 방법을 사용하면 된다.

마지막으로, 발표를 할 때에는 그 내용을 끝까지 분명하게 말해야 한다. 발표자가 말끝을 흐리게 되면 청중은 발표의 핵심이 무엇인지 정확하게 알기가 어려울 뿐만 아니라 발표자가 말하는 내용에 대해서 신뢰할 수 없게 된다. 발표자가 말하는 내용에 대해 자신이 없기 때문에 말을 흐리는 것으로 보이기 때문이다.

2) 반언어적 표현

발표를 할 때에는 상대에게 호감을 줄 수 있는 좋은 목소리로 말해야 한다. 좋은 목소리란 타고난 음색이라기보다는 발표에 대한 심리적인 준비가 충분히 된

상태로서, 발표할 내용에 대한 확신이 차 있는 목소리를 말한다.

발표를 할 때에는 발표 내용에 따라 음의 고저와 강약을 적절하게 조절할 필요가 있다. 어떤 부분을 높은 음으로 말하게 되면 해당 부분이 강조되기 때문에 발표 내용을 같은 높이로 말하지 말고, 높고 낮음을 적절히 조절하는 것이 좋다. 그렇게 하면 청중은 발표자가 중요하게 여기는 부분이 어디인지 쉽게 포착할 수 있게 되므로, 발표 내용의 핵심을 파악하는 데 도움이 된다.

음의 강약을 잘 살려 말하는 것도 필요한데, 같은 말이라도 강약에 따라 다른 의미로 전달될 수 있기 때문이다. 예를 들어, '왜'라는 단어를 강하고 짧게 말하면 화를 내거나 반항하는 느낌을 주지만, 약하고 부드럽게 말하면 상대의 말에 귀를 기울이는 것 같은 느낌을 준다. 즉, 말의 강약은 의미를 더해 주거나 발표자의 감정을 표현하는 데 중요한 역할을 하므로 이를 적절히 활용할 필요가 있다.

발표를 할 때에는 발표자 스스로가 느끼기에 다소 느린 듯하게 말하는 것이 좋다. 일반적으로 사람들은 내용을 읽고 이해하는 것에 비해 듣고 이해하는 데 노력이 더 많이 들기 때문에, 발표자는 청중의 이해 속도를 고려하여 발표 속도를 적절하게 조절할 필요가 있다.

3) 비언어적 표현

미국의 캘리포니아대 심리학과의 앨버트 매러비안 교수는 대화를 할 때, 외모나 몸짓과 같은 시각적 요소가 55%, 음성이나 어투와 같은 반언어적 요소가 38%, 언어적 요소가 7% 정도 영향을 미친다고 보고했다. 이는 대체로 언어적인 요소보다 비언어적 요소가 대화에서 더 중요할 수 있음을 뜻한다.

발표자는 청중의 눈을 바라보고 이야기하는 것이 좋은데, 시선을 골고루 분산하여 자연스럽게 눈을 맞추는 것이 좋다. 청중이 많은 장소라면 대개 뒤에서 1/3 지점이나 중간쯤에 시선을 두면 된다. 간혹 초보 발표자는 청중과 시선을 맞추지 못하거나, 자신의 발표에 반응을 잘 보이는 한두 명만을 집중적으로 쳐다보면서 발표를 진행하는 경우가 있다. 발표자가 시선 처리를 잘하지 못하면 청중의 반응을 포착할 수 없기 때문에 발표를 성공적으로 수행하기 어렵게 된다.

발표자는 밝고 자연스러운 표정으로 발표해야 한다. 얼마 전, 평창 동계올림픽 유치를 위한 프레젠테이션이 상당히 큰 이슈가 되었는데, 발표 전문가인 나승연 씨는 물론이고 김연아 씨 또한 시종일관 부드러운 미소로 발표를 진행하였다. 이러한 표정은 발표 내용에 대한 화자의 자신감을 드러내는 것은 물론이고, 청중이 발표 내용을 신뢰하게 만든다.

발표자가 발표를 위한 자리로 나아갈 때에, 발표자는 심호흡을 하고 자신감 있는 걸음걸이로 발표 자리까지 걸어가는 것이 좋다. 발표자는 발표를 할 자리에 서면 인사를 하고, 자신이 발표할 내용을 말하기 시작하면 되는데 발표 시간이 길 경우라면 편안하게 두 발을 벌려서 서고 가볍게 몸을 움직이거나 무대를 이동하면서 자연스럽게 말하면 된다.

4) 효과적인 도입과 종결

발표를 시작할 때에 청중을 향해 공손하게 허리를 숙여 인사를 하는 것이 좋다. 인사를 제대로 하는 것은 청중에 대한 예의인 것은 물론이고, 발표자가 호흡을 가다듬어 발표에 대한 긴장감을 줄일 수 있게 해 준다.

발표의 도입부에서는 발표하고자 하는 내용 전체에 대한 흥미를 높일 수 있는 것으로 시작하는 것이 좋다. 이를 위해 적절한 소품이나 몸짓을 준비해 두면 도움이 된다.

발표의 종결부에서는 새로운 내용을 말하기보다는 지금까지 발표한 내용을 정리하면서 마무리해야 한다. 설득을 목적으로 한 발표라면 청중에게 행동을 촉구하는 표어를 제시해도 좋고, 명언을 인용하는 것도 한 가지 방법이 된다. 발표가 모두 끝나면 도입부에서와 같은 방식으로 정중하게 인사하고, 발표를 들어 준 청중에게 감사를 표하는 것이 좋다. 종결부에서의 인사는 공식적으로 말하기가 모두 끝났음을 알리는 표지가 될 수 있다.

발표가 끝나고 나서 질문과 답변을 할 수 있는 별도의 시간이 마련되어 있을 경우 이를 적절하게 활용할 필요가 있다. 발표자의 발표 내용에 대해 청중의 질문이 있다는 것은 청중이 발표 내용에 관심을 갖고 있다는 뜻이 되기 때문에, 발표자는 청중의 질문에 감사한 마음을 갖고 최선을 다해 답변을 해야 한다.

질문을 받으면, 발표자는 우선 자신이 청중의 질문 내용을 제대로 이해한 것인지 확인하는 것이 좋다. 즉 "○○○에 대해서 궁금하다는 말씀이시죠?", "○○○에 대해서 구체적인 자료를 확인하고 싶으시군요." 등과 같이 하면 된다. 이렇게 질문한 내용을 정리해서 다시 말하는 과정을 거치면 발표자는 질문의 내용을 정확히 파악하여 적절하게 대답을 할 수 있고, 질문을 미처 듣지 못한 청중들과도 질문과 답변을 공유할 수 있다. 발표자가 청중이 질문한 내용에 대해 답을 모를 경우에는 솔직하게 자신이 모른다는 것을 인정하고, 정확한 내용을 확인한 후에 답변을 할 것을 약속하는 것이 좋다.

질의응답 시간에 질문이 없을 경우, 발표자는 발표 내용 중에서 좀 더 설명이 필요한 부분을 짧게 다시 설명하여 청자의 이해를 도울 수 있다. 또는 "예전에 제가 이 내용을 발표했을 때, 청중 중 한 분이 ○○○에 대해서 물은 적이 있습니다." 또는 "발표 중에 ○○○에 대해서 충분히 설명을 드리지 못했는데요. 시간이 좀 있으니 이 부분을 보충 설명하겠습니다." 등과 같이 스스로 질문을 만들거나 추가로 설명할 부분을 제안하고 그에 대한 답을 제시하는 것도 좋다.

〈그림 3〉 분위기 조성을 위한 활용법

〈시선 활용법〉

- 청중들과 눈을 맞춘다.
- 청중들과 끊임없이 눈으로 대화한다.
- 반응을 관찰하고, 표정을 살펴서 즉각적으로 언급한다.
- '잘 듣고 있겠지'라고 생각하고 혼자 이야기해서는 곤란하다.

〈질문 활용법〉

- 청중들이 쉽게 답할 수 있는 질문을 준비하고 답을 유도한다.
- 답을 하지 않을 경우를 대비해서 대답을 미리 준비한다.
- 답을 하지 않는다고 해서, 답을 할 때까지 반복적으로 묻고 답을 기다리면서 시간을 보내지 않는다.

〈사례 활용법〉

- 사례를 활용해서 프레젠테이션의 효과를 높인다.
- 사례를 너무 장황하게 설명하지 않도록 한다.
- 사례는 구체적이고 직접 경험한 것일수록 좋다.
- 프레젠테이션의 주제와 관련된 생생한 경험을 활용하여 청중들의 집중도를 높인다.

〈시각 자료 활용법〉

- 그림이나 사진 등 자료를 활용한다.
- 파워포인트 프로그램을 활용하여 보기 좋은 자료를 구성한다.
- 통계 자료를 표, 그래프 등으로 작성하여 시각적인 효과를 높인다.

Ⅴ. 효과적인 발표를 위한 도움말

1. 청중들과 소통하라

- 청중들의 요구를 분석하라.
- 청중들의 수준에 맞는 내용을 준비하라.
- 청중들과 호흡하는 발표를 하라.
- 청중들의 반응에 깨어있어라.
- 청중들을 산만하게 하는 행동을 하지 마라.

2. 발표장 상황을 파악하라

- 발표장의 위치를 파악하라.
- 발표장의 규모를 파악하라.
- 시청각 자료 사용 가능성을 확인하라.
- 가능하다면 예행연습을 하라.

3. 자료를 읽거나 외우지 마라

- 자료를 직접 구상하고 작성하라.
- 자료를 읽지 않도록 키워드와 개요만 준비하라.
- 자료를 외우지 마라. 전문성이 떨어진다.
- 자료를 완전히 숙지하여 자연스럽게 말하라.

4. 시선은 자연스럽게 하라

- 청중들의 시선을 피하지 마라.
- 시선으로 대화하라.
- 한 사람만 응시하지 마라.
- 시선을 골고루 나누어 주라.
- 시선은 120도 이내에서 교차적으로 주라.

5. 발표 시간을 엄수하라

- 발표 시간에 맞는 자료를 준비하라.
- 예행연습을 충분히 하라.
- 많이 말하는 것보다 시간을 지키는 것이 더 효과적이다.

토론하기

Ⅰ. 토론의 의미와 가치

1. 토론의 의미

대화는 크게 사적 대화와 공적 대화 두 가지로 나뉜다. 사적 대화는 친구나 가족 등 가까운 지인들과 나누는 대화를 말한다. 반면에 공적 대화는 각종 회의, 업무보고, 협상, 프레젠테이션 등 직장이나 학교에서 공적인 업무를 수행하기 위한 것이다. 토론은 가장 대표적인 형태의 공적 대화이다. 공적 대화로서의 토론은 사적 대화와 근본적으로 다르다. 토론은 무엇을 의미하는가?

1) 토론은 합리적 의사소통을 위한 수단이다.

한 사회 안에는 크고 작은 많은 문제들이 산적해 있다. 이 문제들을 해결할 수 있는 방법에 대한 각자의 생각과 견해는 입장과 상황에 따라 다양하게 나타난다. 토론은 이러한 차이를 조정하기 위해 만들어진 합리적 의사소통 수단이다.

2) 토론은 토의가 아니다.

토론(debate)에서 무엇보다 중요한 것은 자신의 생각과 주장의 근거를 명확하게 제시하면서 상대방의 허점을 논리적으로 파고드는 것이다. 자신의 입장을 방어하면서 상대방의 약점을 공격한다는 점에서 토론은 토의(discussion), 즉 어떤 주어진 현안에 대한 해결책을 모색하기 위한 의견 수렴 과정과는 다르다. 예컨대 공청회에서 이루어지는 토의는 자유롭고 느슨한 대화 형태로 이루어진다. 이에 반해서 토론은 찬성과 반대 입장이 훨씬 더 분명하게 드러나며, 형식과 규칙 및 절차 역시 다양하고 까다롭다.

3) 토론은 규칙을 따른다.

토론은 말로 하는 싸움, 즉 논쟁이다. 논쟁에서 가장 중요한 것은 규칙이다. 바둑을 둘 때 한 사람이 연속으로 두 번 둘 수 없는 것처럼 토론을 할 때도 토론자들은 규칙을 엄수해야 한다. 각 토론자에게 주어진 발언시간과 발언기회는 물론이고 발언태도 역시 가능한 한 엄격하게 통제되지 않으면 안 된다. 바로 이점 때문에 일상적인 대화나 토의에서와는 달리 토론에서는 반드시 토론 진행자(사회자)나 심사자(평가자)가 필요하다.

4) 토론은 공개적으로 이루어진다.

토론과 일상에서 이루어지는 사적 대화의 근본적인 차이는 그것이 공개적으로 이루어진다는 사실에 존립한다. 공개적으로 이루어지는 토론에서 행한 발언에는 항상 책임이 따른다. 그러므로 인터넷 상에서 익명적으로, 무책임하게 이루어지는 의견 교환은 엄밀한 의미에서 토론이라 할 수 없다.

2. 토론의 가치

대한민국은 토론 후진국이다. 합리적 의사소통이 가장 잘 이루어져야 마땅한 국회에서조차 정책토론보다는 고성과 몸싸움이 판을 친다. 유명한 논객들이 출연하는 TV 토론 역시 실망스러운 경우가 많다. 왜 그럴까? 대답은 간단하다. 그 어떤 국회의원도, 그 어떤 이른바 사계의 권위자도 체계적인 토론 교육을 제대로 받은 적이 없기 때문이다. 초, 중, 고등학교에서 한 번도 토론 수업을 경험해보지 못한 사람이 대학에서, 직장에서 어떻게 토론을 잘 할 수 있겠는가? 토론 교육은 언어 교육이나 예체능 교육 못지않게 가능한 한 어릴 때부터 이루어져야 한다.

1) 토론은 비판적-논리적 사고 능력을 길러 준다.

토론은 논제에 대한 합리적 판단을 내리기 위해서 질의하고 응답하는 과정이다. 질의응답 과정에서 비판적 사고는 필수적이다.[27] 이런 점에서 토론은 비판적 사고를 기초로 하고 있으며 토론과 비판적 사고는 동전의 양면과도 같은 관계에 놓여 있다. 토론 교육은 비판적 사고 능력을 길러 주고, 비판적 사고 능력은 토론 능력의 향상을 가져온다.[28] 또한 토론은 일정한 논거를 가지고 상대방을 논리적으로 설득하려는 시도이다. 따라서 상대방의 말을 잘 듣고 논리적인 허점을 파악해서 질문하거나, 자신의 주장을 뒷받침할 수 있는 논거를 찾아 제시해야 한다. 토론 자체가 치열한 논리의 싸움이기 때문에 토론자들은 토론을 준비하고 진행하면서 논리적으로 사고하지 않을 수 없게 된다.

2) 토론은 자발적 학습 능력을 길러 준다.

---

27) '비판적으로 사고한다'는 것은 일반적으로 참과 거짓, 옳음과 그름을 가려내어 판단하는 행위를 말한다.

28) 이러한 토론 능력의 향상은 이른바 '민주화'의 가장 중요한 가능 조건들 가운데 하나일 것이다. "토론은 민주화의 산물인 동시에 민주화를 가속화 시키는 특별한 수단"이라는 주장에 대해서는 이연택, 『토론의 기술 - 포용의 리더십과 대화법』, 서울: 21세기북스, 2003. p. 19. 참고.

토론을 잘 할 수 있기 위해서는 토론자 스스로 논제와 관련된 자료를 찾고 연구하지 않으면 안 된다. 토론의 성공 여부는 결국 토론자들이 가지고 있는 정보의 질과 양에 달려 있기 때문이다. 상대방보다 더 정확하고 깊이 있는 자료를 찾아내려고 노력하는 과정에서 토론자의 자발적 학습 능력은 저절로 향상된다.

3) 토론은 의사소통 능력을 길러 준다.

토론은 일방적인 발표가 아니라 나와 의견이 다른 상대방과 설전을 벌이는 것이다. 상대방의 의견을 경청하지 않으면 애당초 토론은 불가능하다. 내가 상대방의 의견을 존중할 때 상대방도 나의 의견을 존중하게 되며, 그 때야 비로소 합리적인 의사소통 상황이 마련된다. 나와 다른 생각과 주장을 가지고 있는 타인과의 의사소통 능력을 길러 주는 훈련으로서 토론만큼 좋은 것은 없다.

4) 토론은 지식 통합 능력을 길러 준다.

토론에서는 개인적인 믿음이나 관점을 떠나 보다 객관적인 자료나 정보에 입각하여 논지를 전개해 나가는 것이 중요하다. 논제에 대한 찬성 혹은 반대의 입장을 고수하기 위해 자료들을 준비하는 과정에서 토론자는 지식의 폭과 깊이를 확대하게 됨은 물론이고, 다양한 분야의 지식들을 하나로 통합할 수 있는 능력을 구비하게 된다.

Ⅱ. 토론의 유형

토론은 크게 교육 토론과 현장 토론으로 구분된다. 교육 토론은 아카데미 식 토론 대회에서 보듯이 교실, 강의실 등 일선 교육 현장에서 각 토론자의 지정된 역할과 발언 순서에 따라 엄격한 형식을 갖추어 진행된다. 이에 비해 현장 토론은 텔레비전 토론 프로그램에서 볼 수 있듯이 일반적인 토론 상황에서 전문가들을 중심으로 자유롭게 이루어지는 패널 토론의 형태를 주로 취한다. 패널 토론은 찬반의 명백한 규명보다는 서로 다른 의견을 수렴, 조정하는 수단으로 많이 사용된다. 패널 토론은 청중의 입장을 중시하는 것이 특징이며, 토론을 진행 중일 때나 정리할 때에 청중의 질문이나 의견이 개진된다.

교육 토론은 토론자들로 하여금 현안에 대한 비판적인 사고능력과 문제의식을 키워주고, 객관적인 자료들을 동원하여 좀 더 합리적인 대안을 찾는 능력을 기르기 위해 하는 것이다. 토론자들은 문제에 대한 자신의 기본 입장과 관계없이 찬성과 반대의 토론 내용을 모두 준비하면서 자연스럽게 세상 문제에 관심을 갖게 되며, 타인을 설득하는 능력을 익히게 된다. 교육 토론의 과정에서 토론자들은 논리적 근거를 세워 체계적으로 주장을 전개하기 위해 사실, 통계, 지식 등을 동원하여 다양한 사례들을 검토하면서 문제에 대한 해결책과 대안을 모색해 보는 것이 바로 토론의 본질임을 배우게 된다.

몇 가지 토론 유형을 소개하면 다음과 같다.

1. 교육 토론

1) 칼 포퍼식 토론

칼 포퍼(K. Popper, 1902~1994)는 과학철학적 입장에 근거하여 비판적 합리주의를 발전 시켰다. 비판적 합리주의는 기본적으로 인간의 이성이 언제나 오류를 범할 가능성을 가지고 있으므로 지식이나 주장은 항상 잠정적이고 가설적인 성격을 갖는다는 생각에 기초하고 있다. 따라서 모든 지식, 신념 등은 비판적 시험과 논의의 장에 항상 열려 있어야 하며, 그러한 비판을 통해서 오류를 줄여나갈 수 있다는 것이 비판적 합리주의자의 입장이다.

포퍼는 과학과 비과학을 구별할 수 있는 기준은 다름 아닌 반증가능성(falsifiability)이라고 주장한다. 즉 어떤 주장이 과학의 범주에 포함되기 위해서는 적어도 그 주장이 틀릴 수 있는 가능성을 내포해야 한다는 것이다. 따라서 과학이 다른 어떤 학문에 비해 끊임없이 발전할 수 있었던 것은 그것의 주장과 이론이 옳았기 때문이라기보다는, 그 주장이 틀릴 수 있는 가능성을 내포했기 때문이다. 이것은 스스로에 대한 비판을 수용하는 사회만이 발전할 수 있다는, 사회에 대한 그의 생각과 맥을 같이 한다. 칼 포퍼식 토론은 토론을 통하여 그의 이러한 비판적 합리주의 정신을 구현할 수 있도록 개방사회연구소(The Open Society Institute)와 소로스 재단 네트워크(Soros Foundation Network)가 1994년 고안해 내었다.

칼 포퍼식 토론의 특징은 각 팀에 한 번의 입론 기회만 있고 반론에서는 새로운 논거를 제시할 수 없기 때문에 세 명의 구성원들이 긴밀하게 협조하여 입론에 언급할 내용을 잘 구성해야 한다는 사실에 놓여 있다. 첫 번째 반론은 다음 발언과 관련이 있기 때문에 확인 질문이 있지만, 두 번째 반론은 진행이 끝나기 때문에 확인 질문이 없다는 점을 유의해야 한다. 토론자 세 사람인 갑, 을, 병 중 병은 발언을 한 번밖에 하지 않지만, 오히려 그렇기 때문에 팀의 주장 역할을 하면서 전체 토론의 흐름을 잘 살펴 다른 구성원에게 도움을 주어야 한다.[29)]

찬성 측 (22분)	반대 측 (22분)
① 갑 입론 (6분)	② 을 확인 질문 (3분)
④ 을 확인 질문 (3분)	③ 갑 입론 (6분)
⑤ 병 반론 (5분)	⑥ 갑 확인 질문 (3분)
⑧ 갑 확인 질문 (3분)	⑦ 병 반론 (5분)
⑨ 을 반론 (5분)	⑩ 을 반론 (5분)

29) 칼 포퍼식 토론의 규칙과 방법에 관해서는 아래 사이트를 참고할 것(2013년 10월 9일 검색).
http://debatovani.cz/files/dokumenty/120923_kp-debate-rules.pdf
http://www.ideal.forestry.ubc.ca/cons481/Labs/Debate_Format.pdf
http://www.mead.com/images/Debate.pdf

2) 세다식 토론

세다(CEDA: Cross Examination Debate Association)는 원래 '교차조사식 논쟁 협회'를 의미하며, 1971년 미국의 '남서부 교차조사 토론 협회(the Southwest Cross Examination Debate Association)'에서 출발하였다. 현재 이 협회는 미국에서 '전국 대학생 아카데미 토론대회'의 논제와 규칙을 만들고 진행하는 전국 규모의 협회로 자리 잡았다. 세다식 토론은 오늘날 미국의 대학 간 토론대회에서 널리 사용되고 있다.

세다식 토론에서 모든 토론자는 각각 한 번씩의 입론과 확인 질문, 반론의 기회를 가지게 되므로 세 차례 고루 발언할 수 있는 기회가 주어진다. 따라서 토론 참가자의 개인별 스피치 능력이 두드러지게 비교될 수 있다. 또한 상대방의 주장과 발언 내용에 대해 교차 조사를 하며 확인하는 질문 과정을 통해 각 토론자들 상호 간에 번갈아 가며 논의를 점검하는 직접적인 의사소통 방식을 중시하고 있다.

찬성 측 (31분)	반대 측 (31분)
① 갑 입론 (6분)	② 을 확인 질문 (6분)
④ 갑 확인 질문 (3분)	③ 갑 입론 (3분)
⑤ 을 입론 (6분)	⑥ 갑 확인 질문 (3분)
⑧ 을 확인 질문 (3분)	⑦ 을 입론 (6분)
⑩ 갑 반론 (4분)	⑨ 갑 반론 (4분)
⑫ 을 반론 (4분)	⑪ 을 반론 (4분)

세다식 토론의 핵심은 4차례나 있는 확인 질문을 통해 상대편의 입론 혹은 논리에 나타나는 문제점과 오류를 집중적으로 부각시키는 데 있다. 반론을 준비하는 예비활동에 해당하는 확인 질문은 교차조사(cross examination)라고도 불리는데 상대방의 주장이 자신들의 입장과 배치되는 부분이 무엇인지 논리적인 문제점을 드러내는 기회이다. 즉 찬성 및 반대 측의 토론자 갑과 을이 상호 교차하는 방식으로 질문을 던지면서 상대방의 진의를 확인하고, 논제와 관련하여 자신이 동의하지 않는 부분을 분명히 드러내거나 오류를 지적하고, 아울러 자료조사가 충실

히 이루어졌는지 구체적인 증거나 출처 등에 관해 확인하는 과정이다. 세다식 토론의 가장 큰 특징은 상대방 논리의 취약성과 자료출처의 명확성에 나타나는 문제를 부각시키는 확인 질문을 통해 순발력 있고 역동적으로 토론을 이끌어나갈 수 있다는 점에 있다.

3) 의회식 토론

의회식 토론은 세계적으로 가장 널리 알려져 있고 또 빠르게 보급되고 있는 토론 방법이다. 의회식 토론의 최대 장점은 토론과 토론자의 창의성을 제한하는 규칙이 많지 않다는 것이다. 각 팀 당 두 명으로 구성되어 진행되는 의회식 토론에서는 한편이 제안에 대한 사례를 구축하고 다른 한편은 제안한 팀에 반대해서 토론을 하게 된다. 그렇기 때문에 의회식 토론은 항상 제안 측이 첫 발언을 하는 것으로 시작한다. 제안 측이 할 일은 우선 토론할 동의안(논제)을 긍정적인 관점에서 뒷받침하는 것이다. 따라서 제안 측은 동의안이 거짓이 아니라 참이라는 것을 증명해야 하는 부담을 진다. 다시 말해서 제안 측은 자기 팀이 동의안의 참됨을 해명하는데 성공했음을 심사자에게 확인시켜야 한다. 이에 반해 반대 측은 동의안에 대한 제안 측의 옹호에 대항하는 논리를 전개해야 한다.

4인 방식의 의회 토론에는 입론 4번과 반론 2번, 총 여섯 번의 발언이 있게 된다. 입론은 양쪽 팀 모두 자신의 입장을 위해 주장을 구축하고 상대 측이 제시한 주장에 대응하기 위해 활용된다. 제안 측과 반대 측은 입론 연설을 통해 동의안에 대한 자신들의 입장을 나타내는 핵심적인 주장을 구축한다. 입론 연설이 끝나면 토론의 반론이 시작된다. 이 연설을 통해 양측은 각각 자기 쪽의 핵심적인 주장을 요약하고 자신의 팀이 이 토론에서 승리하는 이유를 제시하게 된다. 제안 측은 토론을 시작하고 끝을 맺는다. 양측의 토론자들 중 첫 번째 발언자는 입론과 반론, 두 번의 발언을 한다.

의회식 토론에서는 즉석 토론이 일반적이다. 이것은 토론자들이 발언을 준비할 수 있는 시간이 별로 없으며, 발언 내용을 미리 써놓거나 외워올 수 없음을 의미한다. 논제가 발표된 이후부터 토론이 시작하기 전까지 시간이 거의 없고, 매 토론마다 논제가 바뀐다.

제안 측 (19분)	반대 측 (19분)
① 갑 제안 입론 (7분)	② 갑 반대 입론 (7분)
③ 을 제안 입론 (7분)	④ 을 반대 입론 (7분)
⑥ 갑 반론 (5분)	⑤ 갑 반론 (5분)

2. 현장 토론

현장 토론에서 중요한 것은 엄정한 평가와 승패의 결과가 아니라 토론 과정 자체이다. 물론 현장 토론에서도 승패가 있을 수 있다. 하지만 그것은 토론 참여자들에게 동기를 부여하기 위한 것이거나 토론 능력 함양을 위한 방편이지 궁극적인 목표는 아니다. 따라서 현장 토론의 경우에는 토론자들이 승패에 집착하지 않고 토론을 즐길 수 있는 환경을 마련하는 것이 무엇보다 중요하다. 현장 토론의 방식으로는 모의재판 토론과 배심원 토론, 독서 토론 등이 있다.

1) 모의재판 토론

모의재판 형식은 법정 토론의 기본 형식이며 많은 인원의 등장이 특징이다. 논제는 사실에 관한 것으로 제한하며 논증 기술과 증인의 심문이 중요한 부분을 차지한다. 모의재판 형식 토론은 검사의 기소로 시작해서 검사의 변론으로 끝난다. 먼저 검사는 검사 측 증인 3명에게 질의-응답을 통해 피고의 죄를 입증한다. 그리고 변호사가 다시 검사 측 증인 3명에게 교차 질문을 한다. 이어 변호사는 증인 3명에게 질의-응답을 통해 피고를 변호하고 다시 검사가 변호사측 증인 3명에게 교차 질문을 한다. 그런 다음 변호사와 검사가 차례대로 변론을 한다. 이어서 판사가 배심원들에게 재판진행 절차와 판결 투표를 설명하면 배심원들이 투표함으로써 토론이 끝난다.

2) 배심원 토론

배심원 토론이란 패널 토론과 찬반 토론을 결합 시킨 방식이다. 패널 토의를 할 때는 패널들이 나와서 토의를 진행하고, 청중은 그것을 듣고 질문을 한다. 이 패널 토의의 방식을 그대로 가져오되, 패널들이 찬반 토론을 하고 청중이 배심원 역할을 하도록 만든 것이 배심원 토론이다. 2~3명의 학생이 한 팀이 되어 두 팀이 토론을 진행하게 되면 약 4~6명의 토론자가 토론을 진행하게 되고 나머지는 배심원 역할을 하게 된다.

배심원 토론은 기본적으로 찬반 토론이지만, 토론의 순서와 시간을 엄격하게 정해 놓지 않는다는 점에서 앞에서 소개한 여러 가지 대회 토론의 방식과 다르다. 토론자들은 찬성 팀과 반대 팀으로 나뉘어 논제와 관련된 이야기를 자유롭게 주고받을 수 있다. 다만 발언 기회가 한 쪽으로 편중되지 않도록 찬성 팀과 반대 팀이 한 번씩 번갈아 가면서 발표를 할 수 있도록 하고, 같은 팀 내에서도 특정 토론자가 지나치게 많은 발언을 하지 못하도록 해야 한다.

배심원 토론에서는 토론자뿐만 아니라 배심원도 토론에 참여할 수 있다. 토론 중간에 사회자는 배심원들에게 발언권을 주어 배심원들의 질문이나 의견을 듣는다. 가능하면 찬성 팀이나 반대 팀 지지 발언을 균등하게 듣는 것이 좋다. 토론자들은 배심원의 지지를 받으면서 토론을 이어 갈 수 있고, 이 시간을 이용해서 다음 발언을 준비할 수도 있다.

토론에 대한 평가는 배심원들이 맡되, 어떤 팀이 어떤 논거를 제시하여 토론을 유리하게 이끌었는지, 얼마나 많은 정보를 얼마나 정확하게 활용했는지, 발표 태도는 어떠했는지, 팀워크는 좋았는지 등을 기준으로 삼아야 한다.

토론이 끝나면 배심원이 판결을 하는데, 일단 승패 판정을 먼저 한 다음, 승패의 이유를 제시한다. 토론 판결의 의미는 승패를 가리는 데 있지 않고, 토론자들이 어떻게 토론을 진행했는지 배심원들의 평가를 통해서 피드백을 받는 데 있다. 토론을 통해서 부각된 쟁점들이 무엇인지, 그것이 어떻게 다루어졌는지, 토론에서 충분히 다루지 못한 쟁점에는 어떤 것들이 있는지 등을 제시하는 평가를 배심원들로부터 받은 다음, 사회자는 최종적으로 토론에 대한 승패 판정을 하고 토론을 마무리 한다.

토론을 마친 후 토론자들과 배심원들에게 토론과 관련된 글을 쓰도록 하는 것도 좋다. 토론 후 작성된 글은 토론을 거치지 않고 쓴 글보다 훨씬 더 풍부한 논거를 담고 있으며, 글쓴이의 관점 역시 분명하게 드러나게 된다.

3) 독서 토론

사람들은 일반적으로 독서 토론을 토론이 아닌 독서 활동의 일환으로 생각한다. 그렇기 때문에 독서 토론에 무슨 형식이 있느냐고 묻기 쉽다. 그러나 독서 토론도 토론인 이상 토론이 갖추어야 할 기본적인 요건을 갖추는 것이 좋다. 토론이 성립되려면 최소한 서로 대립되는 주장이 제시되어야 한다. 다시 말해 독서 토론이 가능하려면 한 권의 책을 바라보는 다양한 관점 속에서 서로 대립되는 쟁점을 찾아야 한다. 이런 쟁점이 도출되어 논쟁이 가능해야 비로소 토론이라 할 수 있다. 단순히 책을 읽고 나서 감상을 발표하는 것으로 끝난다면 그것은 독서 토론이라기보다는 감상 발표에 지나지 않는다.

독서 토론은 기본적으로 책읽기를 전제 한다. 책읽기는 개인적인 활동이지만, 이 과정을 생략하고 독서 토론을 진행할 수는 없다. 따라서 독서 토론은 책을 읽고 감상을 정리하는 개인 활동과 논제를 정하고 토론하고 평가하는 등의 집단 활동으로 나눌 수 있다. 개인 활동으로서의 책읽기 과정을 제외하면 논제를 정하고 찬반 토론을 진행하는 방식은 배심원 토론의 기본 과정과 동일하다.

독서 토론이 끝난 후 수강생들로 하여금 단순한 독후감상문이 아니라 일종의 비평문을 쓰도록 하는 것이 필요하다. 독후감상문이 개인의 주관적 감상을 주된 내용으로 하는 것이라면, 비평문은 특정한 관점에 따라 텍스트를 일관되게 해석하고 평가하는 내용이 담겨 있는 것이다. 비평문 쓰기는 책 읽는 행위 자체를 근본적으로 새롭게 할 수 있는 활동이다. 그러므로 독서 토론의 결과를 비평문 쓰기로 마무리 하는 것은 매우 중요하다.

Ⅲ. 토론의 준비와 규칙

1. 토론의 준비

매사가 그렇듯이 토론 역시 많은 준비와 연습을 필요로 한다. 특히 교육용 토론에서는 논제가 일방적으로 주어지지 않고, 토론자들 스스로 선정하는 경우가 많기 때문에 논제 선정을 위해서도 많은 자료 조사가 필요하다. 논제가 선정되었으면 찬성 측은 찬성 측대로, 반대 측은 반대 측대로 각자 자신의 입장을 뒷받침할 논거를 마련하기 위해서 각종 자료를 수집하고 논지를 수립해야 한다. 토론 수행을 위해서는 어떤 준비가 선행해야 하는 지에 대해서 알아보도록 하자.

1) 논제 선정

토론의 주제를 논제라고 한다. 논제는 그 성격에 따라 사실 논제, 가치 논제, 정책 논제 등 세 가지로 나눌 수 있다. 사실 논제는 사실의 진위 여부를 놓고 다투는 것이다. '독도는 우리 땅이다.' 혹은 '고구려 역사는 중국 역사다.' 등의 논제는 사실 논제라 할 수 있다. 사실 논제를 쟁점으로 하는 토론은 사실을 입증할 수 있는 단서가 한 가지라도 제공되면 종결되기 때문에 교육용 토론의 논제로 적당하다고는 말할 수 없다. 사실 논제를 가지고 벌이는 토론의 대표적인 경우는 법정 토론이다.

대학의 강의실에서 이루어지는 교육용 토론에서는 주로 가치 논제나 정책 논제를 활용한다. 가치 논제는 가치관의 차이를 따지기 때문에 매우 유용하다. '남북통일은 가능한 빨리 이루어져야 한다.', '안락사는 허용되어야 한다.' 등의 논제는 토론자들의 가치관의 대립을 불러일으키는 대표적인 가치 논제들이다.

'영어 공용화는 실시되어야 한다.', '대학 기여 입학제는 허용되어야 한다.' 등의 논제는 주로 어떤 제도나 정책의 타당성을 문제 삼는 것이기 때문에 정책 논제라 부른다. 정책 논제를 토론의 주제로 다룰 경우에는 어떤 제도나 실천 방안을 먼저 제시하고 그것의 타당성을 따져 묻는 형태로 토론이 진행된다.

어떤 논제를 토론 주제로 선정할 것인가는 토론의 성패를 가름하는 중요한 잣대이다. 그렇다면 논제를 선정할 때 어떤 요소들을 고려해야 할 것인가?

① 찬반의 쟁점이 뚜렷해야 한다. 토론은 의견 대립을 전제로 하기 때문에 쟁점이 가능한 한 분명하게 드러나야 한다.

② 토론자들의 관심과 수준에 맞아야 한다. 제아무리 좋은 논제라 할지라도 너무 난해하거나 복잡한 것, 거꾸로 너무 쉽고 단순한 것은 피하는 게 좋다. 지나치게 철학적이거나 전문적인 과학 지식을 요구하는 주제는 토론자들의 흥미를 반감시키기 쉽다.

③ 보편성을 지니고 있어야 한다. 지나치게 현실적이고 구체적인 사안을 다루는 논제는 쟁점을 뽑아내기가 쉽지 않다. 물론 구체적인 사례를 추상화 시켜 보다 일반적이고 보편적인 주제와 연결시켜 토론할 수 있는 논제라면 괜찮다.

④ 어느 정도 시의성을 지니고 있어야 한다. 이미 결론이 났거나 해묵은 논제는 가급적 피하는 게 좋다. 최근 들어 사회적 이슈로 등장한 문제들일수록 토론자들의 관심을 불러일으키기 쉽고, 토론의 참여도 역시 높아진다.

⑤ 찬반의 논거가 많아야 한다. 논거가 빈약하면 토론이 진행될수록 긴장이 고조되기는커녕, 맥이 빠지게 된다. 특히 찬성과 반대의 논거가 그 양과 질에 있어서 어느 한 쪽으로 치우치지 않고 비등할수록 좋다.

2) 자료 수집

① 인터넷 자료 검색

논제가 결정 되었으면 자료를 수집해야 한다. 요즘 가장 대표적인 자료 수집 방법은 두말할 나위도 없이 인터넷 검색이다. 그러나 토론자들이 명심해야 할 사실 하나는 인터넷 정보의 정확성이 의외로 낮다는 사실이다. 그러므로 가능한 한 많은 정보를 수집해서 그것의 타당성을 확인해야 한다. 이를 위해서는 특정 검색기에만 의존한다거나 몇몇 사이트에만 매달려서는 안 된다.

특히 인터넷 자료에만 의존하게 되면 준비된 자료가 엇비슷하여 논거 역시 차별화되지 못한다는 사실에 유의해야 한다. 자료를 차별화하기 위해서는 검색 방법을 다양화 하는 수밖에 없다. 즉 포털 사이트에서만 자료를 찾을 게 아니라 신문과 잡지, 전문적 식견을 갖춘 사람이 운영하는 블로그 등을 적극적으로 활용할 필요가 있다. 한마디로 말해서 인터넷 검색은 자료 수집의 완성이 아니라 첫걸음에 불과하다는 사실을 명심해야 한다.

② 문헌 자료 조사

인터넷 자료 검색이 편리할지는 몰라도 정확성과 깊이에 있어서는 문헌 자료를 따라갈 수 없다. 도서관을 이용해서 관련 도서와 논문을 직접 찾아보는 것이야말로 가장 효과적인 자료 조사 방법이다. 도서 검색은 인터넷 검색에 비해 느리고 많은 수고를 요하지만, 자료를 읽고 정리하는 과정에서 토론자는 많은 지식을 축적할 수 있고, 자신만의 독특한 관점과 논거를 정립할 수도 있다. 자신만의 관점과 논거를 가진다는 것은 토론의 승리에 필요한 가장 중요한 무기를 획득했음을 의미한다.

③ 설문 조사

논제의 성격에 따라서 설문 조사가 필요한 경우도 있다. 예컨대 체벌이나 혼전동거와 같은 문제의 경우, 설문 조사의 결과는 매우 강력한 논거를 제공해 줄 수 있다. 물론 설문 조사와 그 결과가 타당성을 획득할 수 있기 위해서는 누구를 대상으로, 언제, 어떻게 조사를 시행했는지를 분명하게 밝혀야 한다. 또한 모든 설문 조사는 설문자의 의도가 어떤 식으로든 반영되기 마련이므로 그 결과의 객관성에 대한 지나친 기대나 맹신을 버리는 게 바람직하다.

④ 면담과 인터뷰

논제에 따라서 전문가의 의견이 필요할 때도 있다. 전문가와의 면담은 논거의 권위를 높여 줄 뿐만 아니라, 토론자 자신의 식견을 짧은 시간 안에 확대시켜 준다는 점에서 매우 유용하다. 또한 토론에 필요한 자료나 정보를 가장 신속하게 얻을 수도 있다. 전문가와의 면담을 위해서는 녹음기나 카메라를 준비하는 것이 좋으며, 면담 전에 간단한 질문을 미리 준비하는 것이 좋다. 방문에 앞서 전문가에게 질문을 미리 알려 주면 훨씬 더 정리된 의견을 들을 수 있다.

⑤ 현장 실태 조사

환경 관련 논제의 경우에는 현장 조사를 하는 것도 필요하다. 현장 조사는 인터넷이나 도서관에서 찾은 자료에서는 미처 접할 수 없었던 새로운 사실이나 문제를 경험할 수 있도록 해 준다. 이러한 현장성으로 무장한 논거는 어떤 텍스트 자료보다 더 큰 설득력을 지닐 수 있다. 현장 실태 조사를 위해서도 전문가 면담과 마찬가지로 녹음기나 카메라를 휴대해야 하며, 현장의 책임자와 미리 연락을 취해 두는 게 좋다.

3) 토론문 작성

토론을 위한 논제가 결정되고 자료 조사가 완료되었으면 토론문을 작성해야 한다. 물론 토론에 익숙한 전문가라면 토론문을 따로 작성할 필요가 없겠지만, 토론 수업에 참여하는 학생들은 대부분의 경우 아직 미숙하기 때문에 토론의 원활한 진행을 위해서는 찬성과 반대 측 모두 미리 작성해 두는 게 바람직하다.

토론문은 궁극적으로 논거를 체계적으로 정리하기 위한 것이다. 아무리 좋은 자료라도 체계적으로 정리되지 않으면 실제 상황에서 별 도움이 안 된다. 토론문 작성은 토론자 전원이 참여할 필요가 있다. 그렇지 않으면 같은 진영에 속한 토론자들 간에 논지와 논거에 대한 이해가 달라서 토론할 때 엇박자가 발생할 수 있으며, 이것만큼 곤혹스러운 일도 없기 때문이다.

2. 토론의 규칙

앞에서 언급했다시피 토론은 논쟁이다. 논쟁은 반드시 규칙을 지켜야 한다. 규칙 없는 논쟁은 토론을 단순한 말싸움으로 전락시키고 말 것이기 때문이다. 토론에 참여한 사람들이 지켜야 하는 규칙 내지 토론을 재미있게 즐길 수 있는 방법으로는 다음과 같은 것들이 있다.

1) 발언은 간단명료하게 하라.

찬성 팀이나 반대 팀 모두에게 발언 기회가 균등하게 주어져야 한다. 물론 토론자들의 능력에 차이가 있기 때문에 발언 시간이나 횟수 역시 다를 수 있다. 그러나 가능하면 특정 토론자가 지나치게 자주, 지나치게 오래 발언하지 않도록 주의한다. 가능하면 한 사람의 발언 시간은 1분을 넘지 않도록 한다. 이처럼 발언 시간을 제한하는 것은 기회를 고루 나눈다는 의미도 있지만, 의견을 발표하기 전에 명확하게 자신 생각을 정리 요약하는 훈련을 한다는 점에서도 중요하다. 특히 사전에 준비해온 자료를 길게 낭독하지 않도록 주의한다.

2) 상대방을 존중하라.

토론은 서로 관점과 생각이 다른 사람들끼리 대화하는 것이다. 관점과 생각이 다르지 않다면 애당초 토론 자체가 필요 없을 것이다. 그러나 이러한 관점과 생각의 차이는 토론의 출발점인 동시에 갈등의 요인이기도 하다. 다시 말해서 토론은 언제라도 소모적이고 파괴적인 말싸움으로 변질될 가능성을 가지고 있다. 이러한 가능성을 최소화하기 위해서 각 토론자는 상대방을 최대한 존중하고 배려해야 한다. 감정적이고 모욕적인 언사, 인신공격성 발언을 삼가는 것은 물론이고 표정이나 시선, 목소리와 작은 몸짓 하나 하나에도 신경을 쓰지 않으면 안 된다.

3) 찬성 측은 '증명'하고 반대 측은 '반증'하라.

토론에서 찬성 측의 주된 임무는 문제 제기이다. 찬성 측은 무엇이 문제인지, 그 문제를 어떻게 해결해야 하는지 등을 보여 주면서 현 상황에 어떤 문제가 있음을 '증명'해야 하는 의무를 가진다. 반대 측은 찬성 측의 문제 제기를 듣고 나서 그들의 문제 인식이 잘못되었다거나, 문제가 그들의 생각만큼 심각하지 않다거나 등의 이유를 내세워 찬성 측의 주장을 반박해야 한다. 즉 반대 측은 찬성 측의 주장에 타당성과 설득력이 없음을 밝혀야 하는 '반증'의 의무를 가진다. 그러므로 토론을 할 때 청중을 중심으로 찬성 측은 좌측, 반대 측은 우측에 앉는 게 좋다. 이는 좌파와 우파라는, 우리에게 익숙한 정치 집단 분류 방식에도 부합한다.

4) 상대방의 발언을 끝까지 경청하라.

토론은 나와 다른 생각을 가진 사람에게 나의 생각을 정확하게 전달하고, 가능하면 나의 생각에 동의하도록 설득하기 위한 것이다. 그러나 이러한 목적을 달성하기 위해서 나는 먼저 상대방의 의견을 주의 깊게 듣지 않으면 안 된다. 상대방의 생각과 나의 생각이 어떻게, 얼마나 다른 지를 정확하게 파악하지 않고서 나의 생각을 올바르고 효과적으로 전달할 수는 없다. 토론자들이 각자 자신의 관점과 생각만을 일방적으로 주장하거나 상대방의 의견을 끝까지 듣지도 않고 자신의 말을 앞세울 때, 토론자들은 토론을 차라리 안하는 게 나을 뻔 했다는 생각을 가지게 된다.

5) 예리한 질문과 반론을 제기하라.

토론의 묘미는 상대방의 주장의 근저에 숨어 있는 허점이나 틈새를 예리한 질문을 통해서 파헤치는 데에 놓여 있다. 무조건 나의 생각을 주장하기 전에 상대방의 생각이 무엇에 근거하고 있는지를 파악하고, 그 근거를 공략하기 위해서 노력해야 한다. 토론의 능력은 토론자의 달변이 아니라, 얼마나 예리하게 질문하고 반박할 수 있느냐에 달려 있다.

6) 주장의 근거와 출처를 밝혀라.

토론자는 상대방의 요청이 있을 때는 주장의 근거와 출처를 정직하게 밝힐 준비가 되어 있어야 한다. 쟁점에 대한 합리적 판단을 내리기 위해서 상대방은 물론 청중도 모든 정보를 공유하고 알 권리를 가지고 있기 때문이다. 사례, 통계자료, 인용, 전문가 의견 등을 논거로 제시할 때는 조작과 은폐, 왜곡과 과장이 없어야 함은 물론이고 출처 또한 정확히 밝혀야 한다.

7) 토론 결과에 승복하라.

토론의 궁극적인 목표는 서로 다른 관점과 생각을 가진 사람들끼리 만나 대화함으로써 견해차를 좁히고 합의점을 도출하기 위한 것이다. 엄밀한 의미에서 토론에는 승자도 없고 패자도 없다. 그러나 수업의 형태로 이루어지는 토론에서 승패 판정은 토론에 재미와 열기를 부여할 수 있을 뿐만 아니라, 참여도를 높일 수 있다는 점에서 필요성이 인정된다.

Ⅳ. 토론의 과정과 평가

1. 토론의 과정

토론이 진행되는 과정은 크게 입론(발제), 확인 질문, 반론, 최종 발언 등 네 가지로 압축 된다.[30] 물론 이 네 가지 과정이 반드시 토론에 들어가야 하는 것은

30) 글에 비유하자면 입론은 서론, 반론은 본론, 최종 발언은 결론에 해당한다. 확인 질문은 반론하기 전에 상대방이 주장한 내용을 확인하고 문제점을 발견하기 위한 준비 과정이다.

아니며, 다양한 방식으로 조합될 수 있다. 입론과 반론이 두 번씩 있어도 되고, 최종 발언이 빠져도 된다. 경우에 따라서는 확인 질문을 생략해도 된다.

1) 입론

입론은 논제에 대한 자신 측의 기본 입장을 밝히는 것이다. 입론에서 밝힌 기본 입장은 토론이 진행되는 동안 내내 지속되기 때문에 자신 측의 입장을 간단명료하면서도 포괄적으로 전달할 수 있어야 한다. 입론자는 논제에 대한 자신의 주장을 분명히 밝히고 이 주장을 뒷받침하는 근거와 자료를 제시해야 한다. 여기서 '주장'이란 말하고자 하는 바의 결론이며 근거란 이를 뒷받침하는 사실, 자료, 통계, 원칙 등을 의미한다. 그리고 하나의 주장과 그것을 지지하는 근거들로 이루어진 것을 논증이라고 한다.[31]

토론은 항상 찬성 측 입론에서 시작한다. 찬성 측 입론은 분명하고 과감할 필요가 있다. 즉 현재 상황의 단순한 개선이 아니라, 전면적인 수정 혹은 근본적인 반대를 담고 있어야 한다. 그렇지 않으면 반대 측과의 대립이 불분명해지고, 이어지는 토론 전체가 애매모호해지기 때문이다. 특히 찬성 측은 자기 측 주장이 왜 필요하고 어떤 기대 효과를 창출할 수 있는 지를 '입증'할 책임이 있다. 찬성 측 입론이 성공적일 수 있기 위해서는 아래의 조건들을 충족시켜야 한다.

첫째, 항목별 정리: 용어의 정의, 논제 채택의 목적, 현재 상황이 달라져야 할 필요성, 실행 방안 등을 항목별로 정리하고, 이들 항목에 기초하여 입론 전략을 수립한다. 이처럼 항목별 정리에 유용한 화법으로는 '첫째, 둘째, 셋째…' 혹은 '우선, 다음은, 끝으로' 등이 있다.

둘째, 시간적 흐름에 따른 정리: 시간의 흐름에 따라 논점을 정리하면 입론은 자연스러운 흐름을 따르게 되고, 이는 곧 청중에 대한 높은 설득력으로 이어진다. 과거로 거슬러 올라가 문제의 원인을 찾아내어 지적하고, 그에 대한 해결책을 단

31) 이러한 점에서 입론에서 중요한 것은 논증이라고 할 수 있다. 입론자는 연역 논증, 귀납 논증, 유비 논증 등을 통해서 여러 가지 논증을 구성함으로써 자기의 주장을 명료하게 밝혀야 한다.

계적으로 제시한다. 요컨대 과거로부터 현재를 거쳐 미래로 나아가는 시간적 흐름을 타는 입론이 되도록 노력한다. 특히 중요한 것은 문제 발생의 원인과 그 귀결에 대한 지적이다. 즉 현재 직면한 문제가 어디에서 발생하고 있는 지를 명료하게 지적할 필요가 있다.

셋째, 입론 내용과 관련된 이미지 구축: 찬성 측 토론자는 청중에게 현재 상황의 문제와 그 문제의 심각성을 호소해야 한다. 현재 상황이 안고 있는 문제의 심각성을 얼마나 어떻게 구체적으로 설명할 것인지, 이러한 설명을 위해 어떤 이미지를 그려 내어야 할 것인지를 두고 고민해야 한다. 이러한 이미지 구축은 청중과 심사위원에게 변화의 필요성에 대한 공감을 불러 일으킬 것이다.

넷째, 구체적인 사례의 소개: 찬성 측 입론은 추상적이고 원칙적인 주장의 나열로 그치지 않아야 한다. 추상적이고 일반적인 주장이 불가피할 경우에는 반드시 구체적이고 개별적인 사례를 들어 자기 입장의 타당성을 증명해야 한다. 구체적인 사례 제시가 결여되면 반대 측으로부터 '무언가 구체적인 사례가 없습니까?' 식의 반론을 즉각 허용하게 된다.

다섯째, 문제 해결 방안의 제시: 찬성 측 입론은 현재 상황이 직면하고 있는 문제점의 심각성을 강조하고, 해결 방안의 마련이 시급하게 요구됨을 보여 줘야 한다. 예컨대 '대학의 기여 입학제, 즉각 도입되어야 한다'라는 논제가 주어졌을 경우, 찬성 측은 현재 우리 나라의 대학, 특히 사립 대학의 재정 자립도가 얼마나 낮은지, 그래서 대학이 얼마나 심각한 위기에 처해 있는 지를 강조하면서, 대학의 이러한 경제적 취약성이 대학 교육의 질적인 발전을 얼마나 저해하는 지를 지적해야 한다. 입론은 이처럼 중심 문제의 해결책을 제시해야 하므로 '~해야 한다'는 식의 명제를 도입부에 전진 배치할 필요가 있다.

반대 측 입론은 찬성 측 입론에 따라 다양한 방식으로 대처해 나가야 한다. 따라서 반대 측에 요구되는 가장 중요한 능력은 순발력과 유연성이다. 찬성 측의 주장을 듣고 그에 걸맞은 반론을 즉각 제기해야 하기 때문이다.

토론에서 반대 측에 주어진 책임은 - 찬성 측의 '입증' 책임과 달리 - 한 마디로 말해서 '공격'이다. 즉 반대 측 역할은 찬성 측 입론에 대한 반론 제기에 놓여 있다. 찬성 측의 핵심 주장에 대한 예리한 반론을 통해서 그것의 허점과 모순이 드러난다면 토론의 승리는 반대 측에 돌아가지만, 그렇지 못한 경우 승리는 찬성 측 몫이 된다. 반대 측 입론이 성공적이기 위한 원칙들 몇 가지를 소개하자면 다음과 같다.

첫째, 찬성 측 주장에 대한 경청: 찬성 측 입론은, 앞에서 말했다시피, 논제에 찬성하는 이유와 목적을 제시하고, 그들의 요구가 왜 타당한지를 논리적으로 혹은 경험적 자료를 통해서 입증하려 애쓴다. 따라서 반대 측에게 무엇보다 중요한 것은 찬성 측 주장을 귀담아 듣는 것이다. 찬성 측 입론의 전체적인 방향과 흐름, 핵심 근거와 의도 등을 경청을 통해서 제대로 파악하지 않고서는, 의미 있는 어떤 반론도 불가능할 것이기 때문이다.

둘째, 찬성 측 주장에 대한 반론: 반대 측의 주된 역할은 '공격', 즉 '반론'이다. 찬성 측의 주요 논점을 정확하게 파악하여 그것이 노출하는 허점을 예리하게 파고 들어야 한다. 반대 측이 반론은 하지 않고 새로운 주장만을 늘어 놓는다면, 반대 측 역할 수행에 실패한 것이고, 토론은 자연스럽게 찬성 측의 승리로 끝나게 될 것이다.

셋째, 개념 정의에 대한 공략: 찬성 측은 입론 과정에서 주요 개념이나 용어 설명에 주력하는 경우가 많다. 그러므로 반대 측은 찬성 측이 제시하는 이러한 용어 설명 내지 '정의'에 주목해야 한다. 찬성 측의 용어 설명에 들어 있는 불투명함이나 허점 혹은 모순을 반대 측은 입론 과정에서부터 집요하게 물고 늘어져야 한다. 예컨대 "주당 노동 시간, 36시간으로 줄여야 한다"는 논제가 주어졌을 경우, 현재 상황의 변경을 도모하는 찬성 측은 이를 '기본 노동 시간'으로 해석한다. 잔업을 인정하고, 36시간을 넘어선 노동에는 잔업 수당을 지불해야 한다는 주장을 펼치기 위해서이다. 이런 경우 반대 측은 '노동 시간'에 대한 다른 정의, 즉 잔업을 인정하지 않는 '실제 노동 시간'이라는 다른 해석을 바탕으로 반론을 제기해야 한다.

넷째, 찬성 측 논지 분석을 통한 공략: 반대 측의 반론은 찬성 측이 어떤 전략으로 나오느냐에 따라 달라진다. 만일 찬성 측이 '문제 해결식' 전략을 구사한다면, 찬성 측이 제기한 문제점과 그 문제를 해결하기 위해 제안하는 해결책 사이에 논지의 일관성이 있는 지에 주목해야 한다. 특히 찬성 측이 제안하는 해결책이 문제의 근본적인 원인을 제거하기에 충분한 지를 따져 물어 들어감으로써 반론을 제기한다. 또한 만일 찬성 측이 '장단점의 비교' 전략을 구사할 경우에는, 그들이 주장하는 장점이 어떤 의미에서 '장점'인지를 캐묻고, 혹시 잘못된 전제에서 비롯된 것은 아닌지 철저하게 검토해야 한다.

2) 확인 질문

확인 질문은 상대방의 입론 혹은 토론 중 제시된 논거에 국한하여 이루어져야 한다. 또 질문자는 상대 측의 답변을 바탕으로 양측이 서로 동의하는 부분과 동의하지 않는 점이 무엇인지를 분명히 한다. '그렇다면 …에 대해 어떻게 생각하십니까?'라는 형태의 열린 물음이나, 너무 일반적이거나 애매모호한 질문을 던지지 않도록 한다. 이러한 형태의 물음은 상대로 하여금 자유롭게 대답할 수 있는 기회를 제공함으로써, 질문자의 입장을 강화하기 위해 할당된 시간을 오히려 상대의 입장을 강화해주는 데 사용하게 되는 결과를 낳게 한다. 질문자는 자신의 입장을 보다 분명히 하거나 상대의 입장을 공략하기 위해 단계적 절차를 밟아가면서 질문을 던지는 게 효과적이다.

확인 질문을 하는 사람과 그에 응답하는 사람은 모두 서로를 존중해야 한다. 질문자와 응답자는 사적인 대화를 하는 게 아니고 청중이나 심사자에게 영향을 미칠 의도로 질문하고 답한다는 것을 염두에 두어야 한다. 특히 질문자는 확인 질문의 목적이 토론 전체의 구도에서 자신의 입장을 강화하는 데 있다는 사실을 명심해야 한다.

확인 질문은 가능한 한 '예', '아니오'나 짧은 대답을 유도하는 것이 좋다. 물론 질문과 상관없이 막무가내로 예, 아니오 식의 답변을 강요해서는 안 된다. 짧은 답변을 유도하기 위해서는 질문 자체가 그러한 답변을 유도하게끔 효과적으로 구성되어야 한다. 만일 응답자가 길게 대답하려고 한다면, 질문자는 "감사합니다. 이미 하신 말씀만으로도 저의 질문에 대한 대답이 충분히 되었다고 생각 합니다" 혹은 "감사합니다. 그 정도면 입장이 충분히 밝혀졌다고 생각 합니다"라고 말함으로써 시간과 논증이 자신에게 유리하도록 이끌 수 있다. 아울러 질문은 모두 간결하며 이해하기 쉬어야 한다. 애매하거나 복잡한 질문은 응답자로 하여금 시간을 낭비하게 한다.

또한 질문자는 확인 질문을 하면서 논증을 전개하려는 시도를 해서는 안 된다. 확인 질문은 질문을 하고 그에 대한 대답을 듣는 시간이다. 따라서 응답자가 대답한 것에 대한 비판은 반론 시간에 해야 한다.

질문자는 자신이 미리 답을 알고 있지 않은 것에 대해서는 질문하지 않도록 한다. 그런 부분을 질문하다가 오히려 상대에게 공격의 빌미를 줄 수 있기 때문이다. 공격하기 힘든 논거들에 대한 질문도 피하는 게 좋다. 마찬가지로 역공의 기회를 상대 측에 줄 수 있다.

질문을 받는 쪽, 즉 응답자는 모든 질문이 자신의 입장을 파괴하거나 질문자의 입장을 강화하기 위한 것이라는 사실을 명심해야 한다. 따라서 응답자는 합리적인 질문에 대해서만 답해야 한다. 응답자가 판단해서 모호하거나 대답하기 곤란한 질문에는 대답하지 않아도 된다. 물론 질문자에게 질문의 정확한 의미를 확인할 수 있으며, 답을 모를 때는 우물쭈물 하지 말고 신속하게 "모르겠다"고 인정해야 한다.

3) 반론

토론의 묘미는 예리한 질문과 멋진 반론에 있다. 반론이 더 이상 제기되지 않을 때 토론은 끝난다. 반론에서 새로운 논증이 출현해서는 안 된다. 그러나 앞서 제시된 논증과 관련하여 새로운 증거를 추가적으로 제시하는 것은 괜찮다. 반론에서 추가할 수 있는 것은, 입론 과정에서 제기된 논제에 대한 보충적인 설명이다. 먼저 각 입장의 핵심 주장이 무엇인지를 명확하게 하기 위해서 추가적인 설명이나 증거가 필요하다고 생각되면, 그것부터 먼저 처리하도록 한다. 각 입장의 입론이 제안하고 있는 바가 무엇인지, 그리고 그것을 어떻게 실행할 것인지를 청중이 분명하게 숙지하도록 만든다. 그러므로 반론에서는 입론 논증을 감안하여 앞서 펼쳤던 입론의 논증을 재정립할 수 있다. 그러나 이러한 재정립이 가능할 수 있기 위해서 반론자는 입론에서 제시된 논증을 정확하게 이해하고 있어야 한다.

반론을 행함에 있어 토론의 쟁점과 이슈들에 대한 설명을 길게 늘어놓을 필요는 없다. 반론에 필요한 만큼만 그 요점을 간단하게 밝혀야 한다. 반론은 상대방의 주장에 대한 반박임을 반론자는 항상 명심해야 한다. 상대방의 주장에 대해서 적극적 반론을 펼치지 않으면 상대방의 주장을 인정하는 것으로 간주된다. 따라서 상대 측 입론의 논거에 대하여 한 번에 하나씩 체계적으로 논박하는 것이 무엇보다 중요하다. 이러한 체계적 반론 제기가 이루어지고 난 다음 끝 부분에서는 반론의 핵심이 무엇인지를 간단하게 요약하여 청중과 심사자가 핵심쟁점에 대한 논의가 어떻게 전개되고 있는지를 명확하게 이해할 수 있도록 한다.

반론의 요령과 주의 사항을 몇 가지 소개하자면 다음과 같다.

① 상대방이 제시한 논거를 공략한다.

반론의 궁극적인 목적은 상대방의 주장에 결함과 문제점이 있음을 밝혀내는 데 있다. 그러므로 주장의 내용보다는 그 내용을 뒷받침하고 있는 논거에 주목해야 한다. 상대방이 타당한 논거를 제시했는지, 제시한 논거가 논제와 부합하는지, 모순은 없는지, 출처가 정확한지 등을 꼼꼼하게 검토할 필요가 있다. 특히 상대방이 제시한 주장과 논거 자체를 반론의 근거로 활용할 수 있다면 그보다 더 효과적일 수 없다.

② 상대방의 기본 논점을 수용한다.

반론은 상대방의 주장에 문제가 있음을 지적하기 위해 행해진다. 하지만 상대방의 기본 논점까지 거부해서는 안 된다. 기본 논점 자체를 거부하면 토론 자체가 불가능해진다. 그러므로 원만한 토론 진행을 위해서는, 반론은 가하되 상대방의 기본 논점은 수용하는 자세를 취할 필요가 있다.

③ 단계적으로 반론한다.

반론은 상대방의 주장이 전적으로 잘못 되었다거나 기본 논점 자체를 무조건 거부하기 위한 게 아니다. 이런 식의 반론은 토론의 원만한 진행을 방해할 뿐이다. 그러므로 반론을 할 때 상대방 측 주장을 일거에 무너뜨리겠다는 태도보다는 몇 가지 핵심적인 내용을 중심으로 단계를 밟아 접근할 필요가 있다.

4) 최종 발언

최종 발언은 글의 결론에 해당한다. 따라서 최종 발언은 토론 내용을 요약하고, 기본 입장을 청중들에게 한 번 더 분명하게 전달하고, 토론에서 다루어지지 않고 남겨진 문제들에 대한 언급을 담아야 한다. 물론 교차 질문형 토론처럼 토론의 형식에 따라서 최종 발언이 생략되는 경우도 있다.

최종 발언은 단순히 입론을 반복하거나 또 다른 반론을 제시하는 것이 아니다. 토론의 마지막을 장식하는 최종 발언에서는 입론에서의 논증이 효과적으로 보완되고 논쟁 과정에서 제기된 반론이 포괄적으로 반박되어야 한다. 감동을 주는 멘트를 통해 정서적인 여운을 남기는 것도 중요하다.

2. 토론자의 역할

각 토론자는 갑 을 병 역할 고유의 특징을 가지고 있다. 그러나 각자 자신이 맡은 역할만 고집하기보다는 전체 팀에 유리한 방식으로 화합하는 것이 무엇보다 중요하다. 가령 입론을 할 때 갑 외에 을과 병도 참여해서 도움을 줘야 한다. 자료를 보고 논지를 잡을 때도 입론이 한 번, 반론이 두 번이므로 우선 논지를 먼저 잡고 보충 자료를 찾으면 논지도 바로 서고, 창의적인 논지를 세울 수 있다.

갑은 자기 팀의 기본 주장을 체계적이고 논리적으로 밝힐 수 있어야 한다. 자기 팀 주장의 장단점을 잘 파악하고 있어야 하며, 입론을 한 다음 확인 질문을 받게 되므로, 자신의 입론에 따라 질문에 따른 답변을 적절하고 할 수 있도록 만반의 준비를 하고 있어야 한다.

을은 처음 상대방에게 질문을 하기 때문에 상대 팀의 허점을 예리하게 파고들 수 있는 비판적 안목을 가지고 있어야 한다. 또한 마지막 반론을 하게 되므로, 상대 팀 주장의 오류를 지적하고 자기 팀 주장의 타당성을 한 번 더 강화할 수 있어야 한다. 그러므로 확인 질문자는 순발력과 비판력이 뛰어난 사람이 적당하다.

병은 팀의 주장으로서 토론의 전체적인 흐름을 꿰뚫어 볼 수 있고, 요약을 잘하고, 성격적으로 차분한 사람이 적합하다. 또한 병은 첫 번째 반론을 하고 바로 확인 질문을 받게 되므로, 확인 질문에 대한 답변 능력이 요구된다. 특히 병은 최종발언을 통해서 자기 팀의 기본 입장이 무엇인지를 청중과 심사 위원에게 분명하고도 인상 깊게 보여 줄 수 있어야 한다.

3. 역할별 발언 방법

① 입론

- 우리 팀은 논제 …에 대해서 찬성(반대)합니다.
- 그 이유는 ( )가지 있습니다.
- 첫째, ( )입니다. ○○에 의하면……
- 둘째, ( )입니다. 신문자료 ○월 ○일자 ○○신문에 의하면……
- 셋째, ( )입니다. ○○ 조사 통계에 의하면……
- 이와 같은 ( )가지 근거로 우리 팀은 논제 …에 대해서 찬성(반대)합니다.

② 확인 질문과 반론

- 자료의 출전은 무엇입니까?
- 데이터는 언제 것입니까?
- 그 데이터는 너무 오래 됐습니다. 새로운 것을 보여 주십시오.
- 발표 내용 중에 제시한 자료 ○○는 무슨 뜻입니까?
- 어째서 여러분의 주장과 관련이 있습니까?
- ○○에 대한 주장은 ○○과 다른데 왜 그렇게 주장합니까?

③ 최종발언

- 우리 팀은 다시 한번 ○○가 옳다고 주장합니다. 지금까지의 토론에서 분명하게 밝혀졌지만 한 번 더 그 근거를 ( )가지 제시하겠습니다.
- 첫째, ( )입니다. ○○에 의하면……
- 둘째, ( )입니다. 참고자료 ○○에 의하면……
- 셋째, ( )입니다. ○○조사에 의하면……

- 이와 같은 사실을 근거로 …에 대해서 찬성(반대) 측이 옳다고 주장합니다.

4. 토론의 메모와 평가

토론을 경청하고 메모하는 기술은 토론을 성공적으로 수행하기 위해 반드시 필요하다. 상대 측의 발언을 듣고 효율적으로 대응하기 위해서는 상대 측의 주장을 '비판적으로' 듣고 분석할 줄 알아야 한다. 비판적 듣기는 단순한 듣기와는 다른 것이다. 비판적으로 듣는다는 것은 상대 측의 주장을 듣고 단순히 그 정보를 수용하고 저장하는데 그치지 않고, 보다 적극적으로 이해하고 분석함을 의미한다. 메모는 바로 이러한 적극적 이해와 분석에 도움을 주고, 상대 측 발언 내용의 '흐름'을 파악하여 그 안에 숨어 있는 핵심과 허점을 찾아 내어 공략할 수 있도록 해 준다. '토론 흐름표'는 이러한 메모를 도와주기 위해 고안된 것이다. 메모의 원칙을 몇 가지 밝혀 보자면 다음과 같다.

첫째, 가능한한 줄여 쓴다: 토론은 엄청난 양의 정보와 주장으로 빠르게 진행된다. 토론에서 언급되는 내용을 전부 받아 적는다는 것은 현실적으로 불가능하다. 그러므로 어떤 것을 받아 적을 것인지를 선택해야 하며, 가능한한 줄여서 써야 한다. 각자 자기만의 독특한 약어와 기호를 활용하는 것도 좋다.

둘째, 알아볼 수 있도록 기록 한다: 가끔 자기 편의 동료가 메모한 것을 참조해야 할 경우가 있는데, 이런 경우를 대비해서 항상 알아볼 수 있도록 글씨를 써야 한다.

셋째, 이해하지 못한 것도 메모 한다: 가끔 상대방의 발언 내용을 이해할 수 없는 경우도 있지만, 메모를 멈춰서는 안 된다. 오히려 그 내용을 기록해 놓음으로써 질문과 반론의 자료로 활용할 수 있다.

넷째, 철회된 주장이나 반론 없는 주장을 기록 한다: 상대방이 스스로 자기 주장을 철회한 것이 있는지 유념하고, 반대로 우리 측 주장에 아무런 반론도 제기하지 않은 내용이 무엇인지를 기록해 둔다. 후자는 특히 우리 측 주장에 암묵적 동의를 의미할 수 있으며, 이것은 곧 상대 측에 대한 공격 무기가 될 수 있기 때문이다.

다섯 째, 종이를 많이 사용 한다: 토론 내용 전체를 한 장의 종이에 깨알같이 담으려 애쓸 필요는 없다. 여러 장의 종이에 여러 개의 난을 만들어서, 가능한 다른 색깔의 펜을 사용하여 일목요연하게 흐름을 파악할 수 있도록 해야 한다.

토론은 토의와 달리 승패 판정이 가능하다. 토론 수업의 경우 판정은 청중의 의견을 종합해서 담당 교수가 내린다. 이 때 평가자는 승패 판정의 근거를 정확하게 밝히고, 토론자들은 그 결과에 깨끗이 승복해야 한다. 토론의 평가는 주로 세 가지 측면을 고려해서 이루어진다.

첫째, 논리적 능력: 토론 평가에서 가장 중요한 것은 논리적 내용 구성 능력이다. 토론자들이 사용한 개념과 용어가 적절했는지, 주장을 뒷받침하는 논거나 추론들이 타당했는지, 상대방에 대한 질문과 반론이 정확했는지, 상대방의 질문에 대한 답변이 효율적이었는지 등을 고려한다.

둘째, 설득력: 토론을 평가할 때 논리적인 능력 외에 설득력도 고려해야 한다. 구술적 의사소통 행위로서 토론은 글쓰기와는 달리 많은 경우 순발력과 창의력, 그리고 재치를 필요로 한다. 이러한 요소들이 논리적인 분석력과 잘 어울릴 때 토론자의 주장은 강한 설득력을 발휘하게 된다.

셋째, 토론 태도: 토론자의 정보와 식견이 제아무리 풍부하고, 논리적 분석력이 제아무리 탁월할지라도, 토론에 임하는 자세가 불성실하다면 (예컨대 다리를 꼬거나 팔짱을 끼고 앉음으로써 오만한 인상을 풍기기, 상대방이 발언할 때 고의로 시선을 외면함으로써 무시하는 태도를 취하기, 상대방의 발언 도중 사회자의 발언권도 없이 끼어들어 훼방 놓기, 상대방의 발언 도중 매우 한심하다, 답답하다, 화가 치민다, 가소롭다 등의 표정 짓기 등등) 토론에서 자신의 입장을 관철하거나 청중을 설득하기란 매우 어렵다.

플로차트 샘플

	찬성측	반대측
입론		
확인 질문1		
반론1		
확인 질문2		
자유 토론		
반론2		
최종 발언		
평가		

토론 전략서

1. 작성자 (분반: -) : 토론자1 토론자2 토론자3

2. 논제:

3. 세부논제:
   1)
   2)
   3)

4. 우리 팀의 주장과 근거
   * 주장:
   1) 주장근거:
   2) 주장근거:

5. 핵심용어 및 정의
   1)
   2)

6. 주장에 동원할 정보 혹은 사례
   1)
   2)

7. 상대 팀의 주장과 근거
   * 주장:
   1) 주장근거:
   2) 주장근거:

8. 상대 팀 주장에 대한 우리의 반론
   1)
   2)

9. 상대 팀 주장의 암묵적 전제 혹은 가정

10. 우리 팀의 주장에 대한 상대 팀의 예상 반론(질문) 및 그에 대한 우리의 재반론
   1) 반론
   2) 답변

토론 평가표

* 수업시간:　　　　　　　　* 분반: (　　　-　　)

토론주제			토 론 일	
사 회 자			평 가 자	
토 론 자	찬 성 팀			
	반 대 팀			

번호	평가기준	찬성팀	반대팀
1	주제 이해는 정확한가?	점수: 5 4 3 2 1	점수: 5 4 3 2 1
2	주장의 논거는 분명한가?	점수: 5 4 3 2 1	점수: 5 4 3 2 1
3	표현은 정확하고 설득력 있는가?	점수: 5 4 3 2 1	점수: 5 4 3 2 1
4	토론에 임하는 자세는 좋은가? (토론규칙 준수 등)	점수: 5 4 3 2 1	점수: 5 4 3 2 1
5	종합	총점:	총점:
		핵심주장:	핵심주장:
		핵심근거:	핵심근거:
		(상대에 대한) 핵심비판:	(상대에 대한) 핵심비판:
6	총평		

부록

원고지 작성법

원고지 사용법

1. 첫머리 쓰기

원고지 첫머리에는 글의 종류, 제목(및 부제), 소속, 성명 등을 쓰되, 원고지 첫 장에 다음과 같은 방법으로 배치한다.

1) 글의 종류

첫 번째 줄에 글의 종류를 쓴다. 즉, 수필이면 〈수필〉이라 쓰고, 그 밖에 〈소설〉, 〈시〉, 〈독후감상문〉, 〈평론〉, 〈일기〉, 〈기행문〉이라고 쓴다.

2) 제목題目과 부제副題

① 제목은 2행 중심부에 놓이게 하되, 제목이 두 글자일 때는 두어 칸 띄어 써서 답답하지 않게 한다.
② 제목을 쓸 때에는 문장 부호 사용에 주의한다.

가) 마침표는 찍지 않는다.

(예시 1) *NO.*

	<	논	설	문	>														
			문	과	와		이	과	의		구	별	을		없	애	자		

나) 물음표와 느낌표의 사용은 비교적 자유스러운 편이나 가능하다면 붙이지 않는 것이 좋다.

다) 같은 계열의 낱말이 열거될 때에는 쉼표 대신 가운뎃점을 쓴다.

라) 줄임표(……)는 특별한 경우를 제외하고는 가급적 사용하지 않는다.

③ 제목이 길 때에는 두 줄로 쓴다. 이 때, 두 줄 중 첫 번째 줄은 왼쪽으로, 두 번째 줄은 오른쪽으로 치우치게 쓴다.

(예시) *NO.*

	<	독	후	감	상	문	>												
				짜	라	투	스	트	라	는									
							이	렇	게		말	하	였	다					

④ 부제가 있으면 본 제목 아랫줄에 쓰되 양 끝에 줄표를 한다.

2. 본문 쓰기

1) 소속과 성명

원칙적으로는 제목 아래의 한 줄을 비우고 난 다음 두 줄을 잡아 소속과 성명을 기입해야 하나 제목 바로 다음 줄 오른쪽으로 전체 균형을 잡아 쓰는 것이 일반화되어 있다.

① 소속의 끝 글자 바로 밑에 성명의 끝 글자가 오게 하여 위와 아래를 가능

한 한 맞추고, 끝 글자 뒤에는 두 칸 정도 비운다.

(예시) *NO.*

	<	수	필	>															
							첫		눈										
											계	명		대	학	교			
									제	1	학	년		고	은	빛			

【참고1】 한글맞춤법에서는 성과 이름은 붙여 쓴다. 다만, 성과 이름을 분명히 구별할 필요가 있을 경우에는 띄어 쓸 수 있다.

예) 윤동주(○) 황보현(○) 황보 현(○)

【참고2】 학교명을 단어별로 띄어 쓴 것은 띄어쓰기 원칙과 시각적인 효과를 고려한 것이므로 경우에 따라 붙여 쓸 수 있다.

2) 숫자와 알파벳

① 로마 숫자와 알파벳 대문자는 '한 칸에 한 글자씩 쓴다.'라는 원칙에 따르되, 두 자 이상의 아라비아 숫자와 알파벳 소문자는 한 칸에 두 자씩 쓴다.

(예시) *NO.*

G	A	T	T																
Ⅰ	Ⅱ	Ⅲ	Ⅳ	Ⅴ	Ⅵ	Ⅶ	Ⅷ	Ⅸ	Ⅹ										
19	95	년		1	월		11	일											
a	와		at	의		관	계												
W	ha	t		di	d		yo	u		sa	y	?							

3) 들여쓰기

① 글이 시작될 때와 문단이 바뀔 때에는 첫 칸을 비우고 쓴다.

(예시) *NO.*

	<	소	설	>															
								배	따	라	기								
															김	동	인		
	좋	은		일	기	이	다	.											
	좋	은		일	기	라	도	,	하	늘	에		구	름		한		점	
없	는		우	리		‘	사	람	’	으	로	서	는		감	히		접	근
못	할		위	엄	을		가	지	고	,	높	이	서		우	리		조	그
만		‘	사	람	’	을		비	웃	는		듯	이		내	려	다		

② 본문에 인용이 있는 경우 인용 부분 전체를 한 칸씩 들여 쓴다. 대화나 인용문 뒤에 이어지는 글은 다시 한 칸을 들여 쓴다. 다만, 이어 받는 말로 시작하는 경우에는 첫 칸부터 쓴다.

(예시) *NO. 1*

	그	러	나	,	여	기	서		기	억	할		것	은		김	만	중	의
소	론	이	다	.	그	는													
	“	우	리		나	라	의		시	문	은		그		말	을		버	리
	고		타	국	의		말	을		배	우	니	,	가	령		십	분	
	상	사	하	다		할	지	라	도		그	것	은		앵	무	새	의	
	소	리	밖	에		안		된	다	.	그	러	나		여	항	간	의	
	초	동		급	부	가		응	얼	거	리	고		서	로		화	하	게
	부	르	는		노	래	는	,	비	록		비	리	하	다		할	지	라
	도	,	만	일		진	가	를		논	한	다	면	,	사	대	부	의	
	소	위		시	부	라		하	는		것	과		함	께		논	할	

NO. 2

	것	이		아	니	다	.”												
라	고		했	고	,	시	는		번	역	을		하	면	,	그		뜻	은
전	할	지	언	정		그		생	명	은		상	실	된	다	고		했	다.

4) 첫 칸 채우기

① 하나의 문단 내에서는 처음 시작을 제외하고는 절대로 첫 칸을 비우지 않는다. 첫 칸을 비우는 것은 새로운 문단이 시작된다는 약속이므로 띄어쓰기를 한다고 첫 칸을 비우게 되면 문단의 첫 머리를 비운 것과 혼동되어 문장의 격식을 이해하는 데 혼란을 주게 된다.

(잘된 예) *NO.*

름		떼	를		벗	어	나	려	고		푸	른		하	늘		조	각	을
찾	아	서		헤	매	는		것		같	았	다	.	그	러	나		아	무
리		맑	은		하	늘	을		찾	아	서		달	려	도		구	름	은
어	디	까	지	나		달	을		쫓	아	가	서		가	리	우	고	야	

(잘못 쓴 예) *NO.*

름		떼	를		벗	어	나	려	고		푸	른		하	늘		조	각	을
	찾	아	서		헤	매	는		것		같	았	다	.	그	러	나		아
무	리		맑	은		하	늘	을		찾	아	서		달	려	도		구	름
은		어	디	까	지	나		달	을		쫓	아	가	서		가	리	우	고

② 대화나 인용문 앞뒤의 지문과 쉽게 구별될 수 있도록 시작할 때와 끝난 후 줄바꾸기를 한다. 단, 60자 미만의 짧은 인용문은 인용 부호를 사용하여 지문 속에 바로 이어서 기록하는 것이 좋다.

(예시) *NO.*

점	심		때	가		되	어	서		나	무	에	서		내	려	와	서	
점	심	을		먹	고	,	다	시		올	라	가	려		할		때	에	
감	독	이		그	를		찾	았	다	.									
	“	복	네	!		얘	,	복	네	!	”								
	“	왜		그	릅	네	까	?	”										
	그	는		약	통	과		집	게	를		놓	고		뒤	로		돌	아
섰	다	.																	
	“	좀		오	나	라	.”												
	그	는		말	없	이		감	독		앞	에		갔	다	.			

5) 한 줄 비우기

다음과 같은 경우, 한 줄을 비운다.

① 하나의 글이 여러 개의 편·장·절·항·목 등으로 이루어질 경우, 이를 표시하기 위해 위 아래로 한 줄씩 비워 두는 것이 좋다. 이 때, 편이나 장과 같은 큰 항목의 표제(1, Ⅰ, A 등 부호만 표시할 때도 마찬가지임)는 비록 앞 장의 끝에 지면 공백이 남았더라도 새로 지면을 바꾸어 둘째 줄 중앙부에 오도록 기입하고, 단락 표제나 소항목 표제 따위는 그 위만 한 줄 비워 두면 된다.

(예시) *NO.*

		Ⅱ	.	한	국		문	학	의		이	해	와		감	상			
1		문	학	의		이	해	와		감	상								
	(1)		문	학		작	품	을		읽	는		이	유					
			①		감	정	의		정	화	(	ca	th	ar	si	s	)		

(예시) *NO.*

					(2)		겨	레	의		얼	과		말					
											최	현	배	(	崔	鉉	培	)	
									1										
	겨	레	란	,	피	로		결	어	진		무	리	떼	다	.	먼		조
상	의		피	를		함	께		받	아	,	같	은		지	역	에	서	
오	랫	동	안		희	로	애	락	을		같	이		겪	으	면	서		살

6) 한자 및 그 밖의 외국 글자 사용

① 묶음표 안에 넣기

의미의 보충을 위해 외국 글자의 사용이 필요한 경우에는 한글을 먼저 쓰고 외국 글자를 묶음표 안에 넣어 표시해야 한다. 다만, 한자를 섞어 쓰라는 특별한 요구가 있을 때는 예외이다.

(예시) *NO.*

	'	가	시	리	'	나		'	진	달	래	꽃	'	에		서	려		있
는		별	리	(	別	離	)	의		정	한	(	情	恨	)	은		어	느
나	라		사	람	이	나		공	감	할		수		있	는		삶	의	
서	정	이	다	.															

3. 문장 부호

1) 부호 표시법

문장 부호는 정성들여 정확하게 표시한다.

2) 한 칸 1부호

문장 부호는 한 글자로 취급하므로, 한 칸에 하나씩 쓰는 것을 원칙으로 한다.

(예시 1)

	고	려		말	엽	에		발	생	한		‘	시	가	’	의		한	

(예시 2)

	“	어	디	서		났	을	까	?	”									

(예시 3)

	‘	누	가		해	달	라	는		걱	정	인	가	!	”				

(예시 4)

없	이		‘	본	의	(	本	義	)	와		유	의	(	喩	義	)	’	를

(예시 5)

	설	화	·	민	요	·	무	가	·	판	소	리		등	이		여	기	에

(예시 6)

무	는		주	어	진		분	수	에		만	족	할		줄		안	다	.

나	무	는		주	어	진		분	수	에		만	족	할		줄		안	다.

(예시 7)

1	.	황	진	이	의		시	조	에		나	타	난		이	별	의		정
	한	을		이	어	받	고		있	는		현	대	의		문	학		작
	품	은	?																
	(1)		김	소	월	의		‘	진	달	래	꽃	’						

4. 교정 부호

부호	이 름	사용하는 경우	표시 방법	표시 결과
	띄움표	띄어 써야 할 곳을 붙였을 때	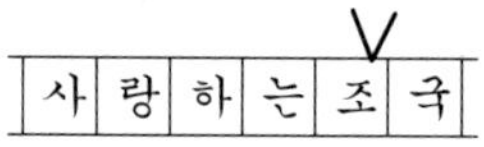	사랑하는 조국
	둠 표	띄어 쓰려다가 다시 원상태로 둘 때	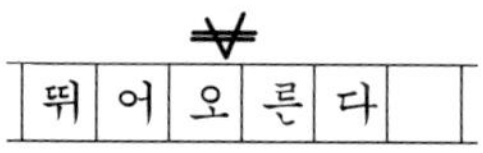	뛰어오른다
	고침표	틀린 글자나 내용을 바꿀 때	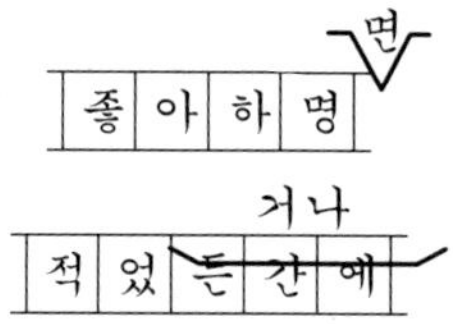	좋아하면 적거나
	부호 넣음표	밑에 찍는 문장 부호를 넣을 때		믿음, 소망, 사랑
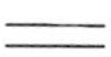	지움표	필요없는 내용을 지울 때	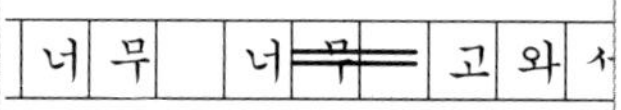	너무 고와서
	넣음표	글자나 부호가 빠졌을 때	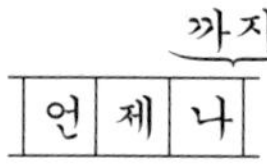	언제까지나
	뺌 표	필요없는 글자를 없앨 때	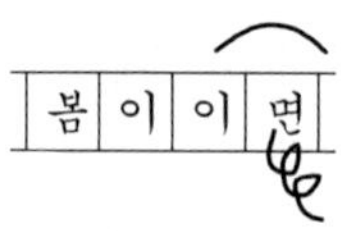	봄이면

부호	이름	사용하는 경우	표시 방법	표시 결과
	살림표	지운 것을 다시 살릴 때	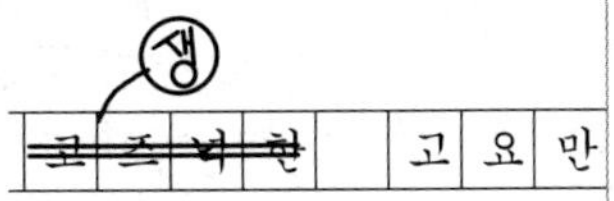	고즈넉한 고요만
	붙임표	붙여야 할 곳이 떨어져 있을 때	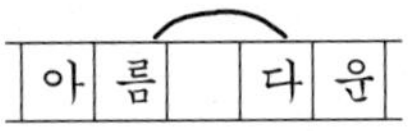	아름다운
	둠 표	붙여 쓰려다가 다시 원상태로 둘 때	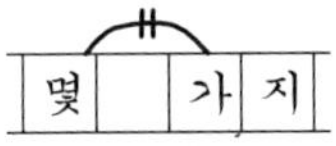	몇 가지
	자리 바꿈표	앞·뒤 순서를 바꿀 때	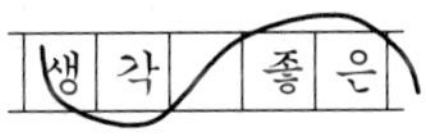	좋은 생각
	오른 자리 옮김표	오른쪽으로 자리를 옮길 때	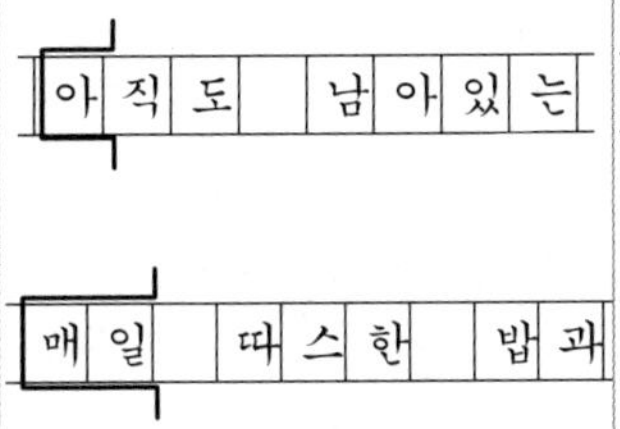	아직도 남아있는 매일 따스한 밥과
	왼자리 옮김표	왼쪽으로 자리를 옮길 때	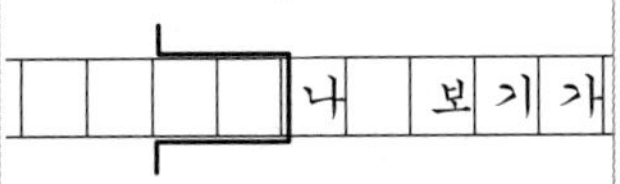	나 보기가 역
	부분 자리 옮김표	지시하는 부분만 자리를 옮길 때	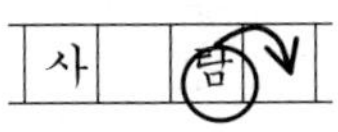	사 람

부호	이 름	사용하는 경우	표시 방법	표시 결과
	줄 바꿈표	한 줄로 된 것을 두 줄로 바꿀 때	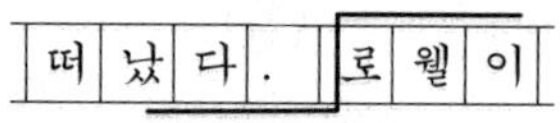	~ 떠났다. 로웰이 ~
	줄 이음표	두 줄로 된 것을 한 줄로 이을 때	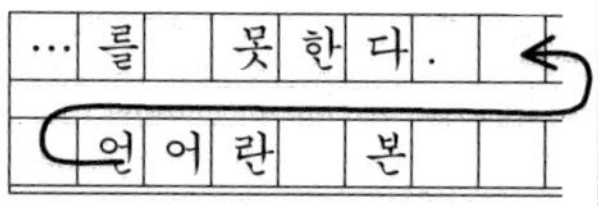	…를 못한다. 언
	줄 비움표	줄을 비울 때 【도움】 1. 필요시 여백에 비울 줄 수를 명시함. 2. 인쇄 교정 부호는 '줄 넓힘표' 임	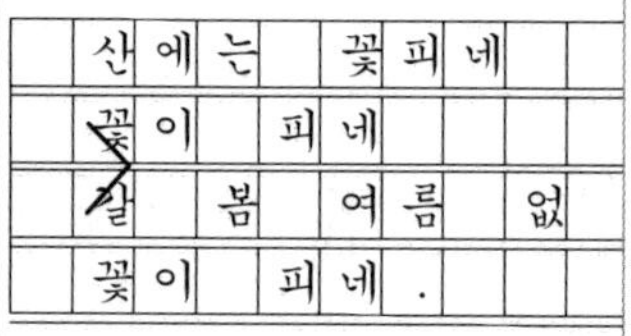	산에는 꽃피네 꽃이 피네 갈 봄 여름 없 꽃이 피네.
	줄 붙임표	줄을 비울 필요가 없을 때		골짝을 예는 바람결처럼 세월은 덧없어 가신 지 이미
	줄 바꿈표	윗줄과 아랫줄을 서로 바꿀 때	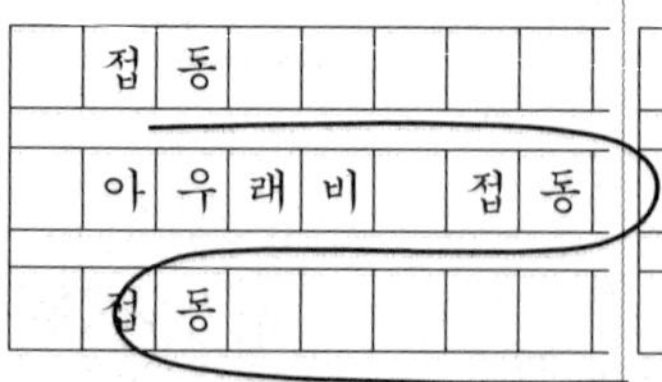	접동 접동 아우래비 접

NO.

절 취 선

NO.

NO.

절
취
선

NO.

NO.

NO.

NO. ________

절 취 선

NO.

NO.

절 취 선

NO.

NO.

절 취 선

NO.

NO.

NO.

NO.

절 취 선

NO.

NO.

절 취 선

NO.

NO.

절

취

선

NO.

NO.

절

취

선

NO.

참고문헌

독서하기

Italo Calvino, Why Read the Classics?, Pantheon Books, 1999.
권영식, 『다산의 독서전략』, 서울: 글라이더, 2013.
김열규, 『독서』, 서울: 비아북, 2008.
문성화, 「독서의 계절」, 대구: 영남일보, 2002.10.14.
민족문화추진회편, 『고전읽기의 즐거움』, 서울: 솔출판사, 1997.
스티브 레빈, 『전략적 책 읽기』, 송승하 역, 서울: 밀리언 하우스, 2011.
안상헌, 『생산적 책읽기 50』, 서울: 북포스, 2005.
알베르 트망구엘, 『독서의 역사』, 정명진 역, 서울: 세종서적, 2000.
이지성, 『리딩으로 리드하라』, 서울: 문학동네, 2010.
정민, 『오직 독서뿐』, 서울: 감영사, 2013.
채석용, 『나를 성장시키는 독서법』, 서울: 소울메이트, 2011.

비판적으로 생각하고 표현하기

김소희, 『생명시대 - 지구생태 이야기』, 서울: 학고재, 1999.
문성화, 「논술과 논리교육」, 『철학과 논술』 제1호, 계명대학교 논리윤리교육센터 2007.
문성화, 「비판적 사고의 실례와 교육」, 『목요철학』 제9호, 계명대학교 목요철학원 2011.
신기철 · 신용철 편저, 『새 우리말 큰사전』. 서울: 삼성출판사, 1986.
Lutz Geldsetzer, 『논리학』, 문성화 옮김, 대구: 계명대학교출판부, 2002.
Rudy Rucker, 『사고혁명』, 김량국 옮김, 서울: 열린책들, 2001.
http://www.minimumwage.go.kr/guide/guide01.jsp?onMenu=guide01
http://www.saemankum.go.kr/html/project_content.html
http://www.index.go.kr/egams/stts/jsp/potal/stts/PO_STTS_IdxMain.jsp?idx_cd=2762

http://www.index.go.kr/egams/stts/jsp/potal/stts/PO_STTS_IdxMain.jsp?idx_cd=2760
http://ko.wikipedia.org/wiki

독후감상문 쓰기

계명대학교 교양도서 독후감 경시대회 1회~16회 입상 작품, 2005~2012.
독서와 작문 편찬위원회, 『독서와 작문』, 서울: 강남대학교 출판부, 2007.
박경래, 『디지털 시대의 글쓰기』, 서울: 도서출판 박이정, 2002.
박종갑 · 서인석, 『인문계열 직업세계와 맞춤형 글쓰기』, 대구: 영남대학교 출판부, 2004.
에드워드 윌슨, 『통섭: 지식의 대통합』, 최재천 · 장대익 옮김, 서울: 사이언스북스, 2005.
이현지, 『교양 글쓰기』, 대구: 도서출판 태일사, 2008.
최재천, 『개미제국의 발견』, 서울: 사이언스북스, 2007.

학술적 글쓰기

김경훤 · 김미란 · 김성수, 『창의적 사고 소통의 글쓰기』, 서울: 성균관대학교출판부, 2012.
논문작성법편찬위원회, 『학술논문작성법』, 대구: 계명대학교출판부, 2007.
서인석 · 박종갑, 『인문계열 직업세계와 맞춤형 글쓰기』, 대구: 영남대학교출판부, 2004.
서종학 외, 『예 · 체능계열 직업세계와 맞춤형 글쓰기』, 대구: 영남대학교출판부, 2004.
신형기 외, 『글쓰기』, 서울: 연세대학교출판부, 2007.
이상호 · 이현지, 『대학생을 위한 글쓰기』, 파주: 한국학술정보(주), 2008.

정희모 외, 『대학 글쓰기』, 서울: 삼인, 2008.
최동주 외, 『이공계열 직업세계와 맞춤형 글쓰기』, 대구: 영남대학교출판부, 2004.

발표하기

골드만 하인즈, 『말하기의 정석』, 윤진희 옮김, 서울: 리더북스, 2006.
김복순, 『발표와 토의』, 서울: 국학자료원, 2007.
유제용, 『프레젠테이션: 기획과 설득의 이야기』, 서울: 크리스타, 2008.
윤영돈, 『창의적 프레젠테이션』, 서울: 지식나무, 2005.
이현지, 『교양글쓰기』, 대구: 도서출판 태일사, 2008.
임지룡 외, 『생활 속의 화법』, 대구: 정림사, 2013.
장혜영, 『발표와 토의』, 서울: 커뮤니케이션북스(주), 2008.
정하열, 『처음 5분이 프레젠테이션의 운명을 결정한다』, 서울: 원앤원북스, 2006.
진 젤라니, 『맥킨지, 발표의 기술』, 안진환 옮김, 서울: 스마트비지니스, 2006.
후쿠다 타케시, 『프레젠테이션 잘 하는 법』, 정유선 옮김, 서울: 바른 지식, 2006.

토론하기

김복순, 『토론의 방법』, 서울: 국학자료원, 2007.
에모리대학전국토론연구소, 허경호 옮김, 『정책토론의 방법』, 서울: 커뮤니케이션북스, 2005.
이상철, 백미숙, 정현숙, 『스피치와 토론』, 서울: 성균관대학교 출판부, 2006.
이연택, 『토론의 기술』, 서울: 21세기북스, 2003.

이정옥, 『토론의 전략』, 서울: 문학과지성사, 2008.
존 미니, 『모든 학문과 정치의 시작, 토론』, 허경호 옮김, 서울: 커뮤니케이션북스, 2008.
캐서린 수 영, 『토론 연습』, 김진모 옮김, 서울: 한언, 2003.
트레버 새더 엮음, 『찬성과 반대』, 김내은 옮김, 서울: 굿인포메이션, 2008.
http://debatovani.cz/files/dokumenty/120923_kp-debate-rules.pdf
http://www.ideal.forestry.ubc.ca/cons481/Labs/Debate_Format.pdf
http://www.mead.com/images/Debate.pdf